Inhalt

Erwartung. Zur Einführung

von Roger Mielke

»Die Abblendung des eschatologischen Horizonts unseres menschlichen Daseins gehört zu den finstersten Verdunkelungen, die über die Christenheit gekommen sind. Wo diese eschatologischen Horizonte unseres Daseins zugedeckt werden, kann das Wesen der Kirche und insonderheit ihre Sichtbarkeit nicht verstanden werden. Denn die Kirche ist selbst … eine eschatologisch-soteriologische Größe.«

Peter Brunner[1]

»Die auf Widerruf gestundete Zeit wird sichtbar am Horizont.«

Ingeborg Bachmann

»… das Wesen dieser Welt vergeht.«

1. Korinther 7,31

Das biblische Wort lehrt, auch diese »Weltzeit« als begrenzte und auslaufende zu verstehen – und will uns genau dies zu Trost und Gelassenheit zusprechen.

Trotz aller Bemühungen um einen auf Nachhaltigkeit ausgerichteten Umgang mit den uns (vor-)gegebenen Ressourcen: Zeit gehört zu den Rohstoffen, die sich nicht wiederverwerten lassen. Wir haben die einmalig uns anvertraute, die vergehende »Lebenszeit«, die so unmessbar gering erscheint gegenüber den gewaltigen Zeit-Räumen der »Weltzeit«. Welch ein Missverhältnis zwischen »Lebenszeit und Weltzeit« (H. Blumenberg). Schrumpft darin nicht unser eigenes individuelles Leben zu absoluter Bedeutungslosigkeit – die dann auch letztlich tröstlich sein kann, weil sie uns hilft loszulassen und uns nicht so wichtig zu nehmen?

Das biblische Wort legt uns eine andere Sicht nahe. Es lehrt, auch diese »Weltzeit« als begrenzte und auslaufende zu verstehen – und will uns genau dies zu Trost und Gelassenheit zusprechen. Das fordert unsere Zeiterfahrung heraus. Denn: Auch mit großer innerer Distanz

---

[1] Peter Brunner, Von der Sichtbarkeit der Kirche, S. 208, in: ders., Pro Ecclesia. Gesammelte Aufsätze zur dogmatischen Theologie, Berlin und Hamburg 1962, S. 205–212.

gegenüber dem Getriebe und Geschiebe unserer Zeit bleiben wir Zeit-Genossen, Bewohnerinnen und Bewohner eines sehr spezifischen »Chronotops«, dem wir nicht entfliehen können. Ein scharfsichtiger Beobachter nennt die besondere Zeiterfahrung unserer gegenwärtigen Lebensspanne den »Präsentismus« (F. Hartog, Regimes of Historicity). Er meint damit diese besondere vergesellschaftete Zeit der westlichen Zivilisation, der einerseits die normativen Vergangenheiten abhandengekommen sind, die aber andererseits auch nach der Zeitenwende 1989 und vollends mit den destruktiven Finanzkrisen der Jahre seit 2008 die orientierende Kraft der großen Zukunftserzählungen verloren hat. Übrig bleibt dann eine reine »Gegenwart«, welche das Vergangene als musealen Steinbruch benutzt und von der Zukunft nichts mehr zu erwarten hat außer das ökologische und ökonomische Desaster. Die verlaufende Zeit kristallisiert zum »rasenden Stillstand« (P. Virilio), der sich in einem obsessiven Furor der Innovation vom Gestern abstößt. Die von Nietzsche einst als letzte erlösende Idee gedachte »Wiederkehr des Gleichen« wird zum Schrecken und zur Drohung grundloser Leere.

Die Paradoxie liegt auf der Hand. Die Zeit wird knapp und knapper, ihre Verwertung muss optimiert werden. Der Horizont wird eng und enger, die beschleunigte Zeit orientiert sich vornehmlich am Verwertungszyklus kapitalistischen Wirtschaftens – die »consummatio« aber verbrennt und vernichtet das ihr Ausgelieferte. Die eng gewordene Gegenwart wird dann zur Arena, in welche die mythischen Mächte wiederkehren: Ein »Kampf der Kulturen«, gegeneinander abgedichtete individuelle und kollektive Identitäten, die um »Anerkennung« ringen, populäre Inszenierungen von Gewalt und Sexualität – und mitten in diesem (so sagt man uns) »bunten« Treiben einige Restbestände bürgerlicher Kultur! Machen wir uns nichts vor, als Christen der ersten Jahrzehnte des 21. Jahrhunderts in der Mitte Europas sind wir nur ein Teil dieser Szene, nicht mehr und nicht weniger und von abnehmendem Gewicht. Eine bequeme und identitätsstärkende Entgegensetzung von Innen und Außen, von Kirche und Welt, von Tradition und Zerfall führt vollkommen in die Irre. *Wir* sind Teil dieser Prozesse der Gestaltwandlung. Unser Leben und gerade auch unser geistliches Leben und »Wissen ist Stückwerk« (1. Kor 13,9). Umso dringender bleibt die Besinnung auf die Ressourcen, die uns den Horizont offenhalten können, und sei es auch nur einen Spalt.

Die 22 Männer, die am 29. September 1931 zur Stiftung der Evangelischen Michaelsbruderschaft in der Kreuzkapelle der Marburger Universitätskirche zusammengekommen waren, stellten ihre Gemeinschaft unter das Zeichen des Erzengels Michael. Mit dieser endzeitlichen Metaphorik war gleichsam eine Zeitbestimmung verbunden. Der liberale Fortschrittsoptimismus der großen theologischen Lehrer der Generation vor 1914 war verzehrt, aber auch die theologischen Aufbrüche nach dem Ersten Weltkrieg hatten, bei mancher persönlichen Verbundenheit der Protagonisten, viele Fragen offengelassen. Das michaelitische Signum war Ausdruck eines Bewusstseins, in Zeiten des Umbruchs zu leben, die nur mit dichten Erfahrungen des gemeinsamen Lebens, der Erprobung neuer Formen und Gestalten geistlichen Lebens zu bestehen wären: »In einer Stunde, da die Kirche sich selbst an den Anspruch der Welt zu verlieren droht, kann die Kirche das Wort der Entscheidung, das sie der Welt schuldet, nur sprechen, wenn sie den priesterlichen Dienst des Gebets erfüllt.« (Urkunde der Ev. Michaelsbruderschaft).

Das michaelitische Signum war Ausdruck eines Bewusstseins, in Zeiten des Umbruchs zu leben, die nur mit dichten Erfahrungen des gemeinsamen Lebens, der Erprobung neuer Formen und Gestalten geistlichen Lebens zu bestehen wären.

Die eschatologische Zeitbestimmung besagt hier ein Doppeltes: Wir leben in einer vergehenden Welt, in einem Widerstreit, der zwar in den geschichtlichen Gegensätzen und Parteiungen ausgetragen wird, der aber nicht nur innerweltlich zu verstehen ist, der immanent und transzendent zugleich ist. Darum die Gestalt des Engels, in gleicher Weise mythisches Bild wie Bote des geschichtlichen Handelns Gottes.

Das Bild des Engels läuft aber weiter auf eine christologische Konzentration zu. Mi-cha-El – Wer ist wie Gott? Die Antwort auf diese Frage: Nur der ewige Sohn des Vaters ist wie Gott: Mensch geworden unter den Bedingungen der vergehenden Zeit, den verlorenen Menschen liebevoll suchend und heilend, am Kreuz alle zerstörerische Macht dieser Weltzeit erleidend und zugleich überwindend, auferweckt zu neuem unzerstörbarem Leben. Damit ist radikal Neues angebrochen und steht in unsere Zeit hinein. Die »Erstlingsgabe« des Heiligen Geistes, Macht der Erneuerung und Verwandlung, ist lebendig in der Gemeinschaft derjenigen, die von Jesus berufen sind und von ihm von Tag zu Tag erneuert werden in Glauben, Hoffnung und Liebe.

Die Liturgie, das Wort Gottes, die Taufe, die Eucharistie – sie sind Orte, an denen Zeit »erzeugt« und geschenkt wird, nicht nur »gestundete« Zeit, die fordernd am Horizont droht, sondern Zeit, die nicht verzehrt wird – Ewigkeit, die »Eigenzeit Gottes« (H. Schlier). Das Evangelium öffnet den Horizont: »Seht auf und erhebt eure Häupter, weil sich eure Erlösung naht.« (Lk 21,28) Diese geschenkte Zeit entwertet nicht die Welt, meint kein »Leben im Aufschub« (G. Scholem), vielmehr: Die geschenkte Zeit hält die Welt transparent auf ihren Grund und ihr Ziel hin, sie gibt der flach gewordenen Welt Tiefe. Genau diese »Innenspannung« (G. Sauter) ist die innere Mitte des geistlichen Lebens: ganz gegenwärtig *und* ganz ausgespannt, achtsam für das Begegnende *und* erwartungsvoll für das von Gott her Ausstehende, gelassen, getrost und liebevoll.

Die geschenkte Zeit hält die Welt transparent auf ihren Grund und ihr Ziel hin, sie gibt der flach gewordenen Welt Tiefe.

Erwartung,
von Tom Kattwinkel

Vor diesem geöffneten Horizont zu leben, weist uns wiederum hinein in die Grundhaltungen des geistlichen Lebens, die eingeübt und bewährt werden wollen: »Die Zeit Gottes in Jesus Christus wird in der ihrem schon begonnenen Ende widerstrebenden Welt-Zeit nur dann gegenwärtige Erfahrung in Glaube, Hoffnung und Liebe, wenn diese durch Festigkeit, Wachsamkeit und Nüchternheit geformt werden.«[2] (Heinrich Schlier) Geistlicher Weg und theologische Rechenschaft der Berneuchener wollen diesem Kanon der geistlichen Grundhaltungen und damit der Gestaltwerdung des Glaubens dienen. Fragend und suchend, explorativ und mit großem Respekt für die Vielzahl unterschiedlicher Erfahrungen gehen wir den geistlichen Weg. Mögen die Beiträge dieses Heftes helfen, auf diesem Weg Orientierung zu finden – und erwartungsvoll zu leben.

---

[2] Heinrich Schlier, Das Ende der Zeit, S. 81, in: Ders., Das Ende der Zeit. Exegetische Aufsätze und Vorträge III, Freiburg/Br. 1971, S.67–84.

Das Leben der kommenden Welt

Am Horizont des Sagbaren

von Frank Lilie

Und das Ende wird der Anfang sein und der Anfang das Ende, Tod und Leben sind ineinander verschlungen, nicht mehr zu unterscheiden, eines in einem und alles in allem. Das Sterben? Ein Tor, ja, gewiss – so gewiss wie die Auferstehung Christi von den Toten. Also ganz und gar ungewiss und ganz und gar sicher zugleich. Am Auferstehen hängt es, am Auferstehen Christi, unser Auferstehen und das Auferstehen der todestrunkenen, todesängstlichen, todesvergessenen und diesseitsbesoffenen Welt.

Auferstehung – Auferweckung

Auferstehen. Oder doch eher auferweckt werden? Im Epheserbrief (sehen wir einmal davon ab, ob Paulus ihn geschrieben hat oder nicht, da mögen sich die Exegeten streiten) wird ein altes Lied zitiert, drei Verse nur – wer weiß, wo es gesungen worden ist und von wem und warum und wie es geklungen haben mag: *»Wach auf, Du Schläfer; steh auf von den Toten, so wird Christus über Dir erstrahlen«* (5,14 nach der Übersetzung von Ulrich Wilckens). Ist damit das Leben als ein Schlaf gemeint, von dem sich der Mensch erhebt, um in einen neuen Tag hineinzugehen? Ein waches Leben nach dem Leben im Halbdunkel des Lebensschlafes? Oder ist der Schlaf ein Zustand zwischen Leben und Tod, von dem wir uns losringen müssen, um die andere Welt zu erreichen?

Immer so weiter?

Wie auch immer: Die Metapher, das Sprachbild von der Auferweckung möchte helfen, den Schritt von der einen auf die andere Seite erkennbarer zu machen. Ginge es nur um ein Leben nach dem Tod, dann würden wir unsere am hiesigen Leben gewonnenen Vorstellungen von Lebendigkeit auf das andere Leben übertragen; genauer: Wir würden die Linien des jetzigen Lebens ausziehen ins Immersoweiter. Lebe ich als ich selbst auch nach dem Schrecken des Sterbens? Dann wäre womöglich das Sterben doch gar kein so großer Schrecken, denn wenn's immer so weiterginge, wär's allenfalls irgendwann fad, aber nicht unbedingt schrecklich.

Der Tod als Verlängerung des Diesseits

Das hätten wir gern so, dass die Welt nach unseren Vorstellungen eingerichtet wäre. Manche Kulturen und ihre Religionen konnten sich das Jenseits nur als eine Verlängerung des Diesseits denken. Die Pharaonen wollten auch im Totenreich nicht auf ihre Dienerschaft verzichten; frühmittelalterliche Edelleute wurden mitunter mit ihren Pferden beigesetzt, und viele Grabbeigaben umfassten all das, was man für eine lange Reise eben so benötigen würde. Immer so weiter, zumindest wenn man zu den happy few gehörte. »*Unsereins*«, so äußert Woyzeck im Drama bei Georg Büchner die Befürchtungen der »*armen Leut'*«, »*ist doch einmal unselig in der und der andern Welt. Ich glaub, wenn wir in Himmel kämen, so müssten wir donnern helfen*« (1836).

Wie auf Erden

Nein, Woyzeck, das musst Du nicht befürchten. Das Judentum und dann, mit Ostern, der christliche Glaube, haben gleichsam zu einer Demokratisierung des Todes geführt – oder besser: zu einer Demokratisierung der Vorstellungen von dem, was mit den Menschen nach dem Sterben geschehen solle. Man hat es Dir, Soldat Woyzeck, einfach nur falsch gepredigt. Es waren diejenigen, die ihre Herrschaft über Dich und über die Welt auch im Land des Todes nicht preisgeben wollten, die Dir zeitlebens von Oben und Unten gesprochen haben. Und wenn sie beteten: Wie im Himmel, so auf Erden, so meinten sie es eigentlich umgekehrt: Wie auf Erden, so auch im Himmel, ja wie denn sonst, sapperlot!

Der andere Gott

Vor Gott sind alle Menschen gleich. So einfach ist das eigentlich. Und das heißt, Woyzeck, dass Du dann nicht mehr dienen musst, weder dem bigotten Hauptmann, noch dem verbrecherischen Arzt mit seinen Menschenexperimenten. Das Dienen wird aufhören und das Bedientwerden, das Fragen und das Suchen und das Zweifeln. Der Tod bricht mit dem Bisherigen. Er bricht ins Leben ein. Nichts wird so weitergehen wie vordem. Gott bricht ins Leben ein. Das Kommende kann nur das Andere, das ganz und gar Andersartige sein. Gott kann nur das oder gar der Andere, das oder der ganz und gar Andersartige sein. Wäre er es nicht, so wäre er doch bloß nur ein Teil der bisherigen Welt. Und was wäre denn das für ein Gott? Keiner, der auch nur eine Spur von Aufmerksamkeit verdienen würde.

Gott bricht ins Leben ein. Das Kommende kann nur das Andere, das ganz und gar Andersartige sein.

Oder doch der Erdenfloh?

Der Gott, von dem wir reden, ist uns jenseitig. Er geht nicht im Diesseits auf, sondern ist uns in unserem Diesseits der Jenseitige. Und so gewinnt unser gegenwärtiges Leben seine Tiefendimension, es gewinnt ein Geheimnis, eine Aura, weil es nicht in dem aufgeht, was ist. Die Welt möchte bloß Welt sein und alles auf ihr Niveau herabzerren. Es ist ihr unerträglich, nicht alles machen zu können, alles erklären. Wenn die Welt nur das ist, was sie ist, dann ist alles erlaubt. Dann kann ich mit dem Menschen experimentieren, denn er hat kein Geheimnis. Dann kann ich die Erde ausbeuten, denn sie hat kein Geheimnis. Dann brauche ich keine Kunst, keine Dichtung, keine Schönheit. Alles ist erlaubt. Den letzten Menschen, so hat Nietzsche den Protagonisten dieser Weltsicht genannt, der sich an seiner Diesseitigkeit bekifft und glücklich nicht mehr will als er ist und hat. »*Was ist Liebe? Was ist Schöpfung? Was ist Sehnsucht? Was ist Stern? – So fragt der letzte Mensch und blinzelt. Die Erde ist dann klein geworden, und auf ihr hüpft der letzte Mensch, der alles klein macht. Sein Geschlecht ist unaustilgbar wie der Erdfloh; der letzte Mensch lebt am längsten. Wir haben das Glück erfunden – sagen die letzten Menschen und blinzeln*« (*Also sprach Zarathustra. Ein Buch für alle und keinen*, 1883).

Auf Christus zählen

Nicht länger soll uns das gegenwärtige Leben im Tod werden, sondern tiefer im Jetzt und anders im Dann. Darum Auferweckung. Darum, wie das große Glaubensbekenntnis von Nizäa-Konstantinopel aus dem Jahr 381 (maßgebend seit 451) sagt, erwarten wir das Leben der kommenden Welt. Recht verstanden ist dies kein Jenseitstrost für das unerträgliche Diesseits, sondern dessen Verjenseitigung: Es soll hier schon erkennbar werden, was die Zukunft bringt. Jetzt schon kann in der Begegnung mit Christus die Entscheidung über mein Hier und Jetzt fallen. Wer auf Christus zählt, mit dem kann man nicht mehr für die diesseitigen Machenschaften rechnen. Wer auf Christus zählt, auf den Auferstandenen, den Lebendigen, den diesseits Jenseitigen, der wird den Blick schärfen für das Geheimnis des Menschen, die Aura der Welt. Und er wird nicht mehr wehtun wollen, sondern guttun.

Die Tiefendimension

Das zukünftige Leben mit Gott, hier soll es anbrechen.

Wir sehen, dass der rote Faden zwischen dem Dort und dem Hier das Leben mit Jesus ist: Die Christusgemeinschaft. Was an ihm schon erschienen ist, soll auch den Getauften zuteilwerden. Das zukünftige Leben mit Gott, hier soll es anbrechen (hat das Jesus nicht einst gemeint, als er vom Anbruch des Reiches Gottes in

seiner Person sprach? Und hat die Kirche in ihrer plattmachen-
den Verkündigung nicht immer wieder versucht, daraus eine
bloße Jenseitsvertröstung zu basteln?). Wir erwarten das Leben
der kommenden Welt (das klingt doch viel schöner als nur von
der Auferstehung der Toten zu sprechen?) jetzt schon, nicht erst
einst (dann freilich ganz und gar), sondern hineinreichend ins
Hier, herüberlangend ins Nun. Was denn soll mich bitte ändern?
Doch nicht das platte Diesseits! Wenn's immer so weitergeht,
wenn alles berechnet, alles gemacht werden kann, wenn keine
Tiefendimension unter den Dingen ist, dann mag ich auch nicht
mehr. Dann bin ich Materie unter Materie. Doch wenn das nicht
so ist, wenn es noch Traum gibt und Schönheit, wenn mein Ne-
benmensch Mensch ist und nicht Sache, wenn Liebe verwandeln
kann und Glaube veredeln, wenn Jesus der Christus ist, dann, ja,
oh dann bin ich zu vielem bereit, zu sehr vielem. Dann sollt ihr
einmal sehen!

Mich will Christus erlösen

Christus spricht *mich* an. Kein Kollektiv. Das Leben der kommenden Welt ist keine Verheißung einer vollkommenen Gesellschaft.
Ich soll leben, Du sollst es, wir, aber nicht ein Kollektiv. *Wir* werden auferweckt, keine Gesellschaft, kein System. Religion ist
das, was *mich* unbedingt angeht. Ideologien haben von jeher die
Neigung besessen, das Individuum auf dem Altar der Menschheit
zu opfern. Wo allzu laut von der Menschheit gesungen wird, geht
die Menschlichkeit alsbald verloren (kennen wir das nicht aus
der Geschichte?). Die Verneinung des Einzelnen (Du bist nichts,
das Kollektiv ist alles) ist immer wieder in die Inhumanität
umgeschlagen, blutig, ganz und gar diesseitig, wenn eine voll-
kommene Gesellschaft in die politische Wirklichkeit umgesetzt
werden sollte. Die Vollendung unserer Bestimmung kann nur als
die gemeinsame Erfüllung der Bestimmung von uns einzelnen
gedacht werden. Die Zukunft ist die gemeinsame Zukunft der
Individuen.

Ahnung und Gegenwart

Auferweckung. So, wie wir vom Schlaf aufgeweckt werden und
langsam aufstehen in einen neuen Tag hinein, so soll es auch den
Toten widerfahren. Wir können es gar nicht ergrübeln, wie das
wohl sein wird, weil es sonst wieder nur die Fortsetzung des Jetzt
ins Einst wäre. Der ewige Gott als die alles bestimmende Wirklichkeit bricht sich vielmehr Bahn über alle Schranken und Hinder-
nisse hinweg, über den Tod und das Sterben hinaus ins Nun. Was
einstmals sein soll und Gestalt annehmen wird, ist jetzt bereits

Ahnung und Gegenwart, Vorweggenommenheit. Keine Kontinuität von Hüben nach Drüben, kein Leben nach dem Leben, sondern in der Tiefe meines Jetzt will sich die kommende Welt abzeichnen. Und in dieser kommenden Welt, in die wir auferweckt werden, wird dann alles, alles aufgehoben sein.

Dr. Frank Lilie (*1960) ist Schulpfarrer an der Ursulinenschule in Fritzlar und war bis 2013 Ältester der Evangelischen Michaelsbruderschaft.

Die »Stimmen der Väter«

Die »Stimmen der Väter« wurden von Michael Grimm ausgewählt.

Matthias Claudius
Wir sind nicht umsonst in diese Welt gesetzt,
wir sollen reif werden für eine andere Welt.
Unser Erdendasein ist nur eine kleine Strecke
auf der ganzen Bahn unserer Existenz.

Hermann Bezzel
Es kommt für den Menschen alles darauf an,
daß seine Richtung nach der Ewigkeit geht.
Das Schwerste in unseren Tagen ist die
absolute Diesseitigkeit.

»Wenn das, was uns nach dem Erden- leben aufnimmt … nur in annähernd ähnlichem Verhältnis steht wie der Sonntag zum Wochentag …«

Leben und Sterben von Jochen Klepper (1903–1942)

von Walter Scheller

Jochen Klepper war *der* Bestsellerautor Ende der 30er Jahre bis in den Krieg hinein. Trotz Papiermangels im Krieg erreichte sein Roman über den Preußenkönig Friedrich Wilhelm I. (1688–1740) »Der Vater« bis zu Kleppers Tod eine Auflage von mehr als 100.000 Exemplaren. Bekannt geworden ist Klepper dann aber auch durch seine geistlichen Gedichte, von denen zwölf im Stammteil des Evangelischen Gesangbuchs stehen, sechs immer- hin auch im Stammteil des katholischen Gotteslobs.

Fotos zeigen Jochen Klepper stets sorgfältig, ja, elegant ge- kleidet, fast immer trägt er eine Krawatte. Das ist schon zu Stu- dentenzeiten so. Seine Kommilitonen sehen ihn nur mit »Schlips und Kragen«, mit Wappenring und parfümiertem Taschentuch. »Ästhetisches Schmaltier« nennen sie ihn.

Gepflegt wie sein Äußeres ist seine Umgebung. Er liebt alte Möbel: Renaissance-, Barock-, Empiremöbel. Zweimal bauen sei- ne Frau Hanni und er ein Haus. Das erste, 1935 in Berlin-Südende errichtet, fällt Hitlers Größenwahn zum Opfer. Hitler will Berlin zur »Welthauptstadt Germania« umbauen. Gewaltige Nord-Süd- und Ost-West-Verkehrsachsen sollen die Stadt durchziehen, auch Südende. Die Kleppers werden zusammen mit vielen anderen ent- eignet, das neugebaute Haus wird nach nur zwei Jahren wieder abgerissen. Noch einmal können sie bauen, 1939 in Nikolassee.

Immer wieder beschreibt Klepper in seinen Tagebüchern sein bezaubernd eingerichtetes Heim, so 1935 nach dem Einzug in das erste Haus: *»Das Bibliothekszimmer mit dem Essplatz hat jetzt alle dunklen Renaissance-Möbel erhalten; die hohen Sessel mit dem weißen Rohsamt, die Kirchenbilder, meine hohe alte Stehlampe, den Klosterzahltisch, den langen Renaissancetisch, den alten westfäli-*

schen Schrank, die Hirten und die große Madonna ... « (28./29. Sept.
1935). Silvester 1936 notiert er: »*Die Damen*[1] *erwarteten mich in
Abendkleidern, mit dem Schmuck von Mutter und Großmutter und
Urgroßmutter. Das Festmahl wurde bei Kerzen eingenommen: ...
man kann es nur ein Kerzenfest nennen: die Lichter am Weihnachtsbaum waren angesteckt; der große Silberleuchter brannte auf dem
Renaissancetisch; vor der großen Madonna die vier goldenen Sterne
mit kleinen blauen Lichtern; auf dem Barocksekretär die Rubinleuch-*

*... und alle
Heiligenfiguren
trugen ein klei-
nes buntes Licht.*

*ter...; und alle Heiligenfiguren trugen ein kleines buntes Licht, der
Engel über der Barockkommode auch ... Die Tanne duftete, die Kerzen
brannten so still nieder ...«*

Klepper genießt Schönheit. Er liebt sein Haus, liebt Möbel, alte
Heiligenfiguren, Blumen, Eleganz. Aber er weiß auch, wie bedroht dies, sein *tragisches Idyll* ist. Bedroht, weil seine Frau und
die Töchter Jüdinnen sind. Zuletzt drohen Zwangsscheidung und
Deportation der jüdischen Familienmitglieder ins KZ und damit
in den sicheren, qualvollen Tod.

Bereits am 12. Oktober 1933 schreibt Klepper im Tagebuch:
»*Mein Haushalt ... ist die mühsam erkämpfte Insel zweier ständig in
ihrer gesamten Existenz bedrohten Menschen ... Er ist das »Als ob« in
dem das Leben des Tages mir erträglich wird ... So, entscheidend ein-
geschränkt, mag mein Bürger-Traum gelten ... Was dort Realität ist,
ist bei mir nur Symbol.«*

*Sein Heim ist ihm
ein Als ob.*

Sein Heim ist ihm ein *Als ob.* Als könne es auf Erden ein siche-
res, ein endgültiges Zuhause geben. Er weiß (Hebräer 13,14): »*Wir
haben hier keine bleibende Stadt.«* 1938 schreibt er: »*Eine eigentliche Heimat ... gibt es nicht mehr für uns ...«* (Tagebuch 21. Febr.
1938)

Aber sein Haus ist ihm mehr noch als ein *Als ob,* es ist ihm zugleich *Symbol.* Symbol, Hinweis, Vorausdeuten hin auf ein Zuhause, das keine Macht dieser Welt ihm mehr nehmen kann: *das
ewige Haus.* Der letzte Roman, an dem er arbeitet, soll diesen Titel
tragen: *Das ewige Haus,* ein Katharina-von-Bora-Roman, Roman
über das erste deutsche Pfarrhaus. Nur den ersten Teil kann er
noch vollenden: *Die Flucht der Katharina von Bora*[2].

Als Anfang 1938 das erste Haus abgerissen wird, schreibt ihm
Reinhold Schneider – die beiden bedeutenden Schriftsteller, der
eine zutiefst lutherisch, der andere ebenso zutiefst katholisch,
sind befreundet: »*... dass wir nur im ›Ewigen Haus‹ zu Hause sind.«*
(Tagebuch, 21. Febr. 1938)

---

[1]   seine Frau Hanni und die beiden Stieftöchter Brigitte und Renate
[2]   1951 erschienen

akg-images

Und so kommt der Punkt immer näher, an dem Jochen und Hanni Klepper keine andere Möglichkeit mehr sehen, als im Glauben aus dem Symbol heraus hinüberzugehen, hinüberzufallen, sich hinüberzustürzen ins Eigentliche, in die *bleibende Stadt.*

Schon lange hatten sie über die Möglichkeit eines Selbstmords gesprochen. Klepper beschönigt nicht, was sie vorhaben. Er spricht nie von Suizid oder Freitod, er weiß, es ist Mord, was sie planen: »*Wir wissen, was der Selbstmord in unserem Fall wäre: dreifacher Mord, Ungehorsam gegen Gott, Preisgabe der Geduld, Flucht aus der Führung Gottes, Behaupten der negativen dem Menschen belassenen Macht, Hinwerfen des Vertrauens. Aber es ist nicht die unvergebbare Sünde gegen den Heiligen Geist.*« (Tagebuch, 20. Okt. 1941)

Zwei Tage bevor sie den Plan in die Tat umsetzen, schreibt er (Tagebuch, 8. Dez. 1942): »*Gott weiß, dass ich es nicht ertragen kann, Hanni und das Kind in diese grausamste und grausigste aller Deportationen gehen zu lassen. Er weiß, dass ich ihm dies nicht geloben kann, wie Luther es vermochte: Nehmen sie den Leib, Gut, Ehr, Kind und Weib, lass fahren dahin. – Leib, Gut, Ehr – ja! Gott weiß aber auch, dass ich alles von ihm annehmen will an Prüfung und Gericht, wenn ich nur Hanni und das Kind notdürftig geborgen weiß.*« – »Das Kind« ist die 20-jährige Stieftochter Renate. Brigitte, die ältere der beiden Töchter, hatte sich 1939, damals 19-jährig, noch nach England in Sicherheit bringen können.

Als Adolf Eichmann am 10. Dezember 1942 die Ausreise von Renate nach Schweden endgültig ablehnt – dabei war Schweden auf Betreiben von Birger Forell endlich bereit, die junge Frau aufzunehmen; als Eichmann Nein sagt, gehen Jochen, Hanni und Renate Klepper gemeinsam in den Tod. Der letzte Tagebucheintrag: »*Nachmittags die Verhandlung auf dem Sicherheitsdienst. Wir sterben nun – ach, auch das steht bei Gott – Wir gehen heute Nacht gemeinsam in den Tod. Über uns steht in den letzten Stunden das Bild des Segnenden Christus, der um uns ringt. In dessen Anblick endet unser Leben.*«

Jochens Schwester Hilde findet sie am nächsten Morgen. Sie hatten Veronal genommen und den Gashahn aufgedreht. »*Die Toten lagen auf einer Daunendecke in der Küche auf dem Boden. Beide Frauen hielten sich umarmt; ihre Augen waren geschlossen. Jochens Augen waren offen geblieben und drückten ein großes Erstaunen aus.*«[3]

Klepper wusste, was er tat, als er mit den Seinen Selbstmord beging. Er wusste, es ist Mord. Er beschwichtigt sich nicht mit Sätzen wie: *Es geht nicht mehr anders. Ich kann nicht mehr …* Klepper war lutherischer Christ. Nirgends wird das so deutlich wie hier, bei seinem Tod.

Klepper hatte sein Leben stets in großer Klarheit und mit großer Skepsis beurteilt, er hat nie etwas beschönigt. Er, der erfolgreiche Schriftsteller, erkennt bei sich »*die verkappte, geheime, verlogene Hoffnung, göttliches Werkzeug zu sein und nicht »nur« erlöster Mensch.*« (Tagebuch 23. Juni 1933) Ein andermal sagt er: »*Wir leiden entsetzlich in allem in und um und an uns, was nicht Gott die Ehre gibt; und wo wir Gott die Ehre zu geben vermeinen, erschrecken wir am tiefsten vor der Lüge und Verwerflichkeit und Vergeblichkeit.*« (Tagebuch, 23. März 1936) Und mit Blick auf seinem Freund Reinhold Schneider schreibt er: »*Ein Katholik wie Schneider arbeitet in dem Gefühl der Vergeblichkeit vor Menschen und des Verdienstes vor Gott – wir Protestanten müssen unser Leben ertragen in dem Gefühl der Vergeblichkeit unsrer Arbeit vor Menschen und der Verwerflichkeit vor Gott.*« (Tagebuch, 5. Nov. 1935)

Kleppers Blick auf sich selbst ist illusionslos, sein Menschenbild ist zutiefst skeptisch.

Kleppers Blick auf sich selbst ist illusionslos, sein Menschenbild (und damit sein Bild von sich selber) ist zutiefst skeptisch, biblisch skeptisch.[4] Er macht sich nichts vor. Er weiß, »*dass Gott so hart an mir arbeiten muss, wenn das, was mein Leben ausmacht, nicht in Selbstbetrug untergehen soll.*« (Tagebuch, 22. Juni 1933)

---

[3] Rita Thalmann: Jochen Klepper. Ein Leben zwischen Idyllen und Katastrophen, 1977, S. 380.

[4] vgl. 1. Mose 8,21; Psalm 53,4; Römer 3,22 f u.ö.

Er lebt unter dem *cor accusator*, sein Herz verklagt ihn, aber er lebt durch den *deus defensor*, den Gott, der ihn verteidigt. Immer wieder tauchen diese beiden Ausdrücke bei ihm auf: Tagebuch, 1. und 2. März 1936, 23. Juli 1937 ... Er sagt nicht: Gott klagt mich an und mein Herz muss mich verteidigen. Es ist genau umgekehrt: Sein eigenes Herz verklagt ihn, und Gott ist der Verteidiger!

So steht es im Neuen Testament: »*dass, wenn unser Herz uns verdammt, Gott größer ist als unser Herz.*« (1. Joh. 3,10) Und so hat Klepper das von Martin Luther gelernt. Luther sagt schon 1515/16 in seiner Römerbriefvorlesung: »*Woher empfangen wir nun Gedanken, die uns rechtfertigen? Nur von Christus und in Christus. Denn wenn das [eigene] Herz des Christusgläubigen ihn tadelt und verklagt und gegen ihn zeugt von seinem bösen Werke, so wendet er sich alsbald ab und zu Christus hin und spricht: Er hat genug getan, Er ist gerecht, Er ist meine Verteidigung, Er ist für mich gestorben, Er hat seine Gerechtigkeit zu der meinigen und meine Sünde zu der seinigen gemacht. Hat Er nun meine Sünde zu der seinigen gemacht, so habe ich sie nicht mehr und bin frei. Hat Er seine Gerechtigkeit zu der meinigen gemacht, so bin ich gerecht durch dieselbe Gerechtigkeit wie er. Meine Sünde aber kann ihn nicht verschlingen, sondern sie wird verschlungen von dem unermesslichen Abgrund seiner Gerechtigkeit; denn er selbst ist Gott, hoch gelobt in Ewigkeit*«.[5] – Und so geht es hier bei Luther weiter: Und so ist »*Gott größer als unser Herz. Größer ist der Verteidiger als der Ankläger, und das bis in Ewigkeit. Deus defensor, cor accusator. Was für ein Verhältnis? So, so, wahr und wahrhaftig so! ... Wenn Gott für uns ist, wer mag wider uns sein?*«[6]

Darauf verlässt Klepper sich, nicht auf sich selbst, sondern allein auf Christus. Er weiß, dass Christus um ihn ringt. Der Grund, auf dem er steht, ist Christus, nicht irgendwelche eigenen Qualitäten oder Entschuldbarkeiten.

Er weiß, dass Christus um ihn ringt.

1938 veröffentlicht Klepper in seinem Gedichtbändchen *Kyrie* ein wunderbares Weihnachtsgedicht:

Sieh nicht an, was du selber bist in deiner Schuld und Schwäche.
Sieh den an, der gekommen ist, damit er für dich spreche.
Sieh an, was dir heut widerfährt, heut, da dein Heiland eingekehrt,
dich wieder heimzubringen auf adlerstarken Schwingen.

---

[5] Heinrich Fausel, D. Martin Luther. Leben und Werk. 1483–1521. 1966; S.52.
[6] Erich Vogelsang, Luthers Werke in Auswahl. V. 3. Aufl. 1963; S. 227f – lateinisch, eigene Übersetzung.

Sieh nicht, wie arm du Sünder bist, der du dich selbst beraubest.
Sieh auf den Helfer Jesus Christ! Und wenn du ihm nur glaubest,
dass nichts als sein Erbarmen frommt und dass er dich zu retten kommt,
darfst du der Schuld vergessen, sei sie auch unermessen.

Glaubst du auch nicht, bleibt er doch treu. Er hält, was er verkündet.
Er wird Geschöpf – und schafft dich neu, den er im Unheil findet.
Weil er sich nicht verleugnen kann, sieh ihn, nicht deine Schuld mehr an.
Er hat sich selbst gebunden. Er sucht: du wirst gefunden!

Sieh nicht mehr an, was du auch seist. Du bist dir schon entnommen.
Nichts fehlt dir jetzt, als dass du weißt: Gott selber ist gekommen!
Und er heißt Wunderbar, Rat, Kraft, ein Fürst, der ewigen Frieden
schafft. Dem Anblick deiner Sünden will er dich selbst entwinden.

Wie schlecht auch deine Windeln sind, sei dennoch unverdrossen.
Der Gottessohn, das Menschenkind liegt doch darin umschlossen.
Hier harrt er, dass er dich befreit. Welch Schuld ihm auch entgegen-
schreit – er hat sie aufgehoben. Nicht klagen sollst du: l o b e n !

Das ist lutherischer Glaube: Wegblicken von sich selbst, wegblicken von der eigenen Schuld und Schwäche, aber auch vom eigenen Stolz, Hinblicken auf Christus, auf den, der nicht aufhört,
für uns zu beten: *Vater, vergib ihnen, denn sie wissen nicht, was sie*
tun! (Lukas 23,33). Der nicht aufhört, um uns zu ringen. Nicht auf
das eigene Herz hören, das uns verklagt, sondern sich ganz und
gar hängen an den *deus defensor.*

So konnte Jochen Klepper leben, sein schwieriges Leben leben
mit den vielen Kämpfen, mit Schlafstörungen, Kopfschmerzen,
Ängsten, Entlassungen, mit Scheitern und Erfolg. So konnte er
sterben: *Gott ist größer als unser Herz. – Das Wort soll uns noch in*
den Tod begleiten. (Tagebuch 8. Dez. 1942)

Was uns erwartet, dort im Eigentlichen, wo es kein »Als ob«
mehr gibt, wo nichts mehr Symbol ist; was uns erwartet, wenn
wir die Schwelle überschritten haben, darüber nachzudenken, zu
spekulieren, sich das auszumalen, das hat Klepper nicht interessiert. Ihm war nur wichtig, dass Gott da ist, der *deus defensor,* dass
Christus da ist, vor dem *alles zunichte wird, was dir so bange macht,*
um dessen willen wir nicht *bangen* müssen *vor Welt- und Endgericht*
(EG 379,4).[7]

---

[7]   aus Kleppers *Geburtstagslied.* Erschienen 1938 in *Kyrie.*

Aber eine großartige Aussage dazu gibt es von Jochen Klepper doch noch (Tagebuch, 8./9. Febr. 1935): »*Wenn das, was uns nach dem Erdenleben aufnimmt und was weder im Bibelwort noch in astronomischen Formeln begreifbar wird, zu der Weltzeit nur in annähernd ähnlichem Verhältnis steht wie der Sonntag zum Wochentag –, dann sind die Leiden dieser Zeit wirklich nicht wert der Herrlichkeit ...*«[8]

Walter Scheller (1947), Mitglied der Evangelischen Michaelsbruderschaft, Pastor i.R., Erwachsenenbildner (langjähriger Theol. Studienleiter der Niedersächsischen Lutherischen Heimvolkshochschule Hermannsburg, deren Rektor i. R.)*

---

[8] Römer 8,18, wo statt der Punkte steht: *die an uns offenbart werden soll.*

Das »*Solus Christus*« in einer säkularen und multireligiösen Gesellschaft

Versuch einer Rechenschaft[1]

von Gérard Siegwalt

Im Lutherjahr, des Gedenkens an die Reformation vor 500 Jahren, ist uns aufgegeben, die reformatorische Botschaft vom »*solus Christus*« (Christus allein) neu zu verantworten. Wir würden in der Vergangenheit verharren, würden wir das einfach nur auf der Grundlage des 16. Jahrhunderts tun: Geschichte kann Flucht vor der Gegenwart sein, so sehr gewiss die Gegenwart der Erinnerung an die Vergangenheit bedarf. Des Weiteren würden wir die Thematik einschränken, würden wir sie nur auf den interkonfessionellen Dialog beziehen: Die zwischenkirchliche »Ökumene« ist gewiss ein wichtiges Kapitel der theologischen Verantwortung, gerade ausgehend von der in der Urkunde der Evangelischen Michaelsbruderschaft ausgesprochenen theologischen Überzeugung: »Wir glauben daran, dass alle Einzelkirchen Glieder sind der einen Kirche Christi und ihren Beruf im gegenseitigen Empfangen und Dienen erfüllen«; aber der Horizont der theologischen Verantwortung ist heute noch ein anderer als der genannte, angesichts dessen ja in tiefer Dankbarkeit gesagt werden darf, dass das »solus Christus« nicht mehr einen die andere Konfession ausschließen-

---

[1] Schriftliche – etwas erweiterte – Wiedergabe eines mündlichen Vortrags, gehalten in Kloster Kirchberg am 23.6.2017 anlässlich des Sommerkonvents des Konvents Oberrhein der Evangelischen Michaelsbruderschaft. Es darf verwiesen werden auf folgende, das Thema erläuternde Beiträge:
– *Die Herausforderung des Monotheismus – Interreligiöser Dialog vor neuen Herausforderungen – Fundamentalismus, interreligiöser Dialog und christliche Theologie*, alle drei Beiträge in Deutsches Pfarrerblatt, 2012/10, S. 560–562, 2015/5, S. 263–267, 2016/9, S. 502–505. Siehe auch: *Christliche Theologie und die säkulare und multireligiöse Gesellschaft : eine gegenseitige Herausforderung*. In: N. Groschowina (ed.), Streit der Religionen, Konflikte und Toleranz. Nürnberg/Mabase-Verlag, 2013, S. 27–42.
All diese Beiträge weisen auf die ersten zwei Bände der »Ecrits théologiques«:
– I. *Le défi interreligieux : L'Eglise chrétienne, les religions et la société laïque*. 2. Aufl. 2015.
– II. *Le défi monothéiste : Le Dieu vivant – le mal – la mystique*. 2. Aufl. 2016. Cerf/Paris.

den, sondern vielmehr sie einschließenden Charakter hat, und dies in einer Weise, die ihre Besonderheit vom »solus Christus« her differenziert wahrnimmt, sich von ihr zugleich korrigieren und befruchten lässt, wie sie sie ihrerseits wiederum korrigiert und befruchtet. Der Horizont der theologischen Verantwortung ist heute zudem der einer »Ökumene«, wie sie den Vätern – ebenso des 16. Jahrhunderts als auch der Michaelsbruderschaft – nicht in der sich uns in unserer Zeit aufdrängenden Macht wahrnehmbar war: Es ist dies die interreligiöse Ökumene. Von ihr ist hier die Rede, und von der Herausforderung, die die in der Bibel begründete reformatorische Botschaft angesichts dieses neuen Horizonts bedeutet. Die interreligiöse Ökumene hebt sich aber (wie schon die interkonfessionelle Ökumene) von dem Hintergrund der zivilen Gesellschaft ab. Sie gehört zuerst zur Ökumene, das griechische Wort »oikoumene« bezeichnet die gesamte bewohnte Erde und also die gesamte Menschheit. Weshalb auch im Titel vor der multireligiösen Gesellschaft die sich heute bei uns als »säkular« verstehende Gesellschaft genannt ist.

I. Die Problematik

Es geht hier um die Klärung der drei im Titel genannten Themenkreise.

Solus Christus

Die biblische Begründung des reformatorischen »*solus Christus*« (welches mit den anderen »*sola*« zusammenhängt: *sola gratia* – durch Gnade allein –, *sola fide* – aus Glauben allein –, *sola scriptura* – die Schrift allein) ist vor allem mit folgenden Textstellen gegeben:

Joh 14,6: Christus spricht: »Ich bin der Weg und die Wahrheit und das Leben; niemand kommt zum Vater denn durch mich.« Apg 4,12: »Es ist in keinem anderen Heil ... denn im Namen Jesus Christus.« 1. Tim 2,5: »ein Gott und ein Mittler zwischen Gott und den Menschen, nämlich der Mensch Jesus Christus.«

Wir wissen um die befreiende Wirkkraft der Wiederentdeckung dieser zentralen biblischen Botschaft durch Luther und die Reformation. Sie hat diese Wirkkraft bis auf den heutigen Tag und wir verdanken uns ihr als Christen.

Aber wir wissen auch um eine andere Wirkungsgeschichte, die letztlich nicht anders als als pervers gekennzeichnet werden kann. Wir denken an die oftmals nicht überwundene Versuchung der Einengung der biblischen Botschaft auf die Heilslehre, also der Theologie auf die Soteriologie, unter weitgehender Vernachlässigung der Schöpfungsgtheologie; an die oftmals nicht überwundene

Versuchung der damit zusammenhängenden Vereinseitigung des Glaubens, der immer wieder bis zum Wahn gesteigerten Wahrheitsfrage (der Frage nach der Wahrheit, der Reinheit der biblischen Botschaft und des Glaubens), und dies auf Kosten der brüderlichen Liebe und auch des zwischenmenschlichen Miteinanders; also an die nicht überwundene Versuchung des Sektarismus, des Exklusivismus, der Rechthaberei, des inneren Zwanges zur Absonderung und deren Bezeugung. Die sog. *particula exclusiva* »allein« (*solus Christus* ...) wird nicht nur als exklusiv, sondern auch als exklusivistisch verstanden: Sie trennt, sie verbindet nur das Gleiche, sie verstößt das Andersartige, sie spaltet.

Diese Schattenseite der Wirkungsgeschichte des reformatorischen »solus Christus« führt zu einem notwendigen Hinterfragen dieses »solus Christus«.

Diese Schattenseite der Wirkungsgeschichte des reformatorischen »*solus Christus*« führt zu einem notwendigen Hinterfragen dieses »*solus Christus*«. Denn die Rechthaberei, die Verachtung oder Verstoßung des anderen, die Arroganz, der sektiererische Geist, all dies und Ähnliches hat nichts mit den Früchten des Geistes zu tun, von denen die Apostel sprechen und die in Jesus, seiner Lehre, seinem Leben und seinem Gegenwärtigwerden in uns als dem Auferstandenen in der Kraft des Heiligen Geistes ihren immer sprudelnden Quellgrund haben. Ein notwendiges Hinterfragen des »*solus Christus*« von innen (vom Selbstverständnis dieses »*solus Christus*«) her !

Die säkulare Gesellschaft

Sie versteht sich ohne notwendigen Gottesbezug, ist also, bei uns meist ohne Agressivität und in – offiziell verstanden – religiöser Indifferenz, gott-los, a-theistisch; sie beruft sich auf die menschliche Vernunft, möge dieselbe auch bei manchen Bürgern eine religiöse oder spirituelle Begründung haben. In Frankreich reden wir von der Laizität; sie ist gekennzeichnet durch die offizielle Neutralität des Staates den Religionen gegenüber.

In Wahrheit ist die säkulare Gesellschaft nicht ohne Götter; sie ist, ohne es so zu nennen, aber *de facto*, polytheistisch. Ihre Götter sind die Idole, die sich in ihr austoben. Götter sind absolut gesetzte irdische Gegebenheiten, also vergötterte Geschöpfe: Die Idolatrie ist der Kult eines Idols. Das Idol ist in seinem Wesen ambivalent, also doppelgesichtig, insofern es eine gute kreatürliche (ob natürliche oder kulturelle) Wirklichkeit pervertiert, indem es dieser kreatürlichen Wirklichkeit den Platz des Schöpfers, also Gottes, zuweist. Die Idolatrie ist die Usurpation des Absoluten durch das Endliche, die Absolutsetzung des Geschöpflichen: Idolatrie ist die Perversion von etwas, das eine andere Seite, und zwar eine gute, und in diesem Sinn eine andere »Version« hat. Da ist das Geld, das kommerzielle Austauschmittel zwischen etwas

Gleichwertigem; es dient dem zwischenmenschlichen rechten Maß (*aequitas*) und zieht – recht verstanden, denn den Menschen gibt es nicht ohne die Natur – das rechte Maß zwischen Mensch und Natur in Rechnung; als Idol wird dies Maß in jeder Hinsicht durchbrochen, ebenso zwischenmenschlich (zwischen den Völkern, zwischen Reichen und Armen) als auch in Beziehung zur Natur, wie dies sich in unserem, die heutige Welt dominierenden liberalen kapitalistischen Wirtschaftssystem erweist: Das Idol Geld erweist sich als Gott in der Hörigkeit seiner Diener, die ihm sich selbst und die anderen Menschen und auch die Natur unterstellen; es erweist sich also in seiner für Mensch und Natur dämonischen, zerstörerischen Wirkkraft; die Idolatrie ist die Herrschaft des Herrenlosen, also dessen, das seine lebendige Beziehung zum lebendigen – kontinuierlichen – Schöpfer verloren hat; unter dem Anschein der guten, konstrukiven Schöpfung ist in ihr eine destruktive, todbringende Macht am Werk. So ist das auch mit der Macht als Macht über andere und so ist es mit der Lust. In seiner Versuchung ist Jesus diesen dämonischen Mächten begegnet und hat sie, durch Gottes Wort und also durch ihre In-Bezug-Setzung zu Gott, in ihre Kreatürlichkeit und somit in ihre geschöpfliche und Segen spendende Güte zurückversetzt: Sie werden durch diese gelebte Beziehung zu ihrem Schöpfer zu engelischen, also dienend-konstruktiven Schöpfungsmächten, so wie sie außer dieser Beziehung der Versuchung ihrer dämonischen Verzerrung ausgesetzt sind.

In Anerkenntnis der Unterscheidung (nicht aber der Trennung) der zeitlichen (vorletzten) und der geistlichen (letzten) Dimension alles Erschaffenen ist in der säkularen – zeitlichen – Gesellschaft die geistliche Dimension für deren Gesundheit (oder: rechtes Maß) lebensnotwendig: Hier ist der Platz für die politische Verkündigung der Kirche: Die Kirche hat, in der Linie der prophetischen Verkündigung des Alten Testaments, diese Aufgabe mit Blick auf die über sie hinausgehende, sie (die Kirche) selber in sich aufnehmende Gesellschaft. Zwischen beiden besteht eine gegenseitige Aufgabe: die des rechten Bezugs zueinander und also vom Zeitlichen und Geistlichen, an dem zu arbeiten sie beide in gegenseitiger Betroffenheit und also gleichsam in der Weise des *mutuum colloquium et correctio fratrum (des gemeinsamen Gesprächs und der geschwisterlichen Zurechtweisung)* berufen sind.

Dies gehört zum rechten Selbstverständnis aller drei monotheistischen Religionen und betrifft also über die christlichen Kirchen hinaus auch das Judentum und den Islam (ich beschränke mich hier auf diese drei abrahamitischen Religionen). Alle beziehen sie sich auf das grundlegende Bekenntnis des *Shema Israel*

(Deut 6,4): »Höre Israel: der Herr, unsere Götter, der eine Herr«. Mit dem »Herrn« (im Hebräischen das heilige Tetragramm) ist auf den Gott Abrahams verwiesen, den Gott der (schon zwischen biblischer und koranischer Tradition zu differenzierenden) besonderen Heilsgeschichte; die »Elohim« (Götter) verweisen auf den Schöpfergott, wie er in den Göttern, mit Paulus zu reden: in den Mächten und Gewalten und Herrschaften und Thronen, sich in seiner Effektivität erweist, die aber nur dadurch zum Erweis Gottes des Schöpfers wird, dass sie auf ihn als den Herrn bezogen wird. Der alttestamentliche Monotheismus ist ein die Mächte der Schöpfung auf den Schöpfergott beziehender Monotheismus; das geschieht durch ihre Beziehung auf den Erlösergott (den Gott Abrahams), in dem sich in besonderer Weise der Schöpfergott als kontinuierlicher Schöpfergott der Schöpfungsmächte erweist: Mit Epheser 1,10 wird er ihnen allen zum Haupt: »Gott gibt allen Dingen ihr Haupt in Christus«; diese Formulierung ist die Christianisierung des *Shema Israel* – nach dem griechischen Wort, das gewöhnlich mit »zusammenfassen« übertragen wird, aber wörtlich »auf das Haupt hinordnen«, also »rekapitulieren« (darin ist »caput«, Haupt, griech. »kephale«, zu erkennen) bedeutet, kann man von dem rekapitulativen Monotheismus sprechen. Dieses Verständnis, für das Gott nicht ein Prinzip, sondern der sich als lebendig und effektiv im Erlösergott erweisende Schöpfergott, der also »geschehende« Gott ist, der schöpferische Kreativität freisetzt und also zu ihr befreit und der diese schöpferische, neumachende kreatürliche Kreativität zu ihrer eigenen *Maß*-Haltung in Verantwortung hinordnet auf Ihn als ihren Geber (als Schöpfer und Erlöser), hat, vom Alten Testament über das Neue Testament bis zum Koran, zwei für das Gottes-, Welt- und Menschenverständnis grundlegende Implikationen: 1. Die Idole oder selbsternannten Götter werden von Gott – dem sich als Erlöser als der kontinuierliche Schöpfergott erweisende Gott – enthront (siehe hierzu z. B. auch das Magnificat) und ihrem rechten Status als Geschöpfe (Mächte) zugeführt. 2. Die Welt und die Menschheit – und der Mensch selbst – finden ihre reiche, also vielfältige, auf keinerlei Uniformität reduzierbare lebendige Einheit allein durch ihre lebendige Beziehung zu dem lebendigen und dem sich als solcher als »geschehender« erweisenden *einen* Schöpfer-Erlösergott.

Der Monotheismus entartet, wenn er als ein auf die Wirklichkeit bezogenes Glaubenszeugnis zu einer Ideologie gemacht wird.

Der Monotheismus entartet, wenn er als ein auf die Wirklichkeit bezogenes *Glaubens*zeugnis zu einer Ideologie gemacht wird, wenn er sich also seiner wesentlichen (dialektischen) Bezogenheit auf die – zeitliche, gesellschaftliche, menschliche – Wirklichkeit entzieht und sich absolut setzt. Die dämonische Perversion des Monotheismus ist immer da am Werk, wo ein Machtanspruch mit ihm verbunden ist, wo er, der ein befreiendes Angebot und ein dies Angebot als solches schützendes und als Wegweisung verstandenes Gebot ist, zu einer Gott instrumentalisierenden Waffe wird, gleichgültig ob dies im Namen der Religion oder sonst einer (etwa politischen) Ideologie geschieht. Durch solch einen Machtanspruch und eine Instrumentalisierung Gottes wird Gott zum »perversen Gott« (Maurice Bellet, *Le Dieu pervers*).

Der Bezug des Monotheismus auf die säkulare Gesellschaft ist alles andere als ein neutraler, und die Kirche irrt, wo sie die Gesellschaft Gesellschaft sein lässt und auf sich selbst inkurviert, allein mit sich selbst beschäftigt ist. Das »*solus Deus*« des Monotheismus sprengt in Wahrheit alle solche Selbstbezogenheit und Selbstgenügsamkeit der Kirche wie auch der anderen Monotheismen, so sehr auch gilt: Nur eine sich als Kirche verstehende und als solche immer neu werdende Kirche vermag es, ihrer gesellschaftlichen Verantwortung, wenn nicht zu genügen, so doch sich ihr zu stellen; das gleiche gilt für die anderen monotheistischen Religionen.

Die multireligiöse Gesellschaft

Sie ist heute die uns vor- und aufgegebene gesellschaftliche Wirklichkeit. Wir können von ihr nur ausgehen. Jedes Umgehen dieser Wirklichkeit – aus welchem Grund auch immer: ob geschichtliche Nostalgie, Gegenwarts- oder Zukunftsangst, Träumerei – ist eine Flucht, eine Leugnung, ein sich Heraushalten, Herausstehlen aus dem, was ist, so wie es ist. Gewiss ist die heutige Situation eine gewordene, und es ist durchaus wichtig und richtig, um die mancherlei Ursachen zu wissen, die zu ihr geführt haben und weiterhin führen; nur so können wir dann auch sachgerecht mit ihr umgehen. Wir begnügen uns hier aber mit dem gegebenen Tatbestand: Das ehemals als christlich bezeichnende Abendland ist heute weithin multireligös, zumal in den Ländern Europas, denen wir angehören. Die neue Situation ist zuvorderst, neben dem traditionellen, oft leidvollen Judentum, durch den Islam, also die Moslems, bestimmt. Sicher wäre auch vom Buddhismus zu reden, und dann auch von einer neuen Form des A-Theismus: Auch sie, und noch andere, prägen das Bild der multireligiösen Gesellschaft. Es kann hier nicht auf diese Vielfalt im Einzelnen eingegangen werden: Eine jede Religion oder Glaubens- (und auch Nicht-Glaubens-)weise erforderte einen je spezifischen und differenzierten Zugang. Notgedrungen geht es hier um Allgemeinheiten, die aber als solche klärend und weiterführend sein möchten.

Multireligiöse Gesellschaft: Sie ist auch eine multikulturelle Gesellschaft. Eine jede Religion hat ihre Kultur, welche letztere, aber auch die jeweilige Religion übersteigt: Es gibt von der Religion unabhängige kulturelle Gegebenheiten, und diese gehen mit der jeweiligen Religion diese oder jene Bündnisse ein, die die Unterscheidung zwischen ihnen – Religion und Kultur – immer wieder schwierig macht. So z. B. gibt es einen türkischen Islam und einen maghrebinischen Islam, und so weiter und so fort. Aber übersteigt die jeweilige Kultur (als Mehrzahl) die Religion, so übersteigt die jeweilige Religion (auch als Mehrzahl) auch die Kultur. Wir beschränken uns hier auf die jeweilige Religion und zwar auf ihre (jedenfalls vermutete und vermutbare) jeweilige Einzahl in ihrer jeweiligen Mehrzahl.

Wir wissen aus der Psychologie und aus Erfahrung um die Ängste – Phobien –, die durch das Neue, das Andere/Andersartige ausgelöst werden können. Und wir wissen aus der Geschichte um das oft oppressive und repressive Verhalten von Teilen der Christenheit gegenüber Juden und Moslems und auch untereinander: Religionskriege und Inquisition, Kreuzzüge und Reconquista und – vorher und während und danach – Judenverfolgung oder doch Judenbedrängung, Erweise des Misstrauens ad intra und ad extra! Es ging dabei jeweils um Macht, um Angst vor Machtverlust und um Machtanspruch, und um die Konfusion zwischen Glauben und Macht. Es führte dies zu einer Instrumentalisierung Gottes durch die Religion als Macht, durch die Macht-Ideologie. Diese spielte auch, wie schon angedeutet, zwischen Zeitlichem und Geistlichem, und wir sprachen diesbezüglich von Perversion, und zwar des einen wie des anderen. Dies – vergangene, aber bis in die Gegenwart als Versuchung virulente – Paradigma gilt es bewusst und entschlossen als antichristlich zu verwerfen. Es bringt nur Leid, ist ein Gegen-Zeugnis des christlichen Glaubens, führt in keine Zukunft, sondern nur in die Wiederholung von schrecklichem Vergangenen. Jegliches Konkurrenzdenken zwischen den Religionen der heutigen multireligiösen Gesellschaft hängt an diesem perversen Paradigma. Es gilt, mit dem eindeutigen Abrücken von ihm, ein anderes, neues Paradigma des Miteinander aufzustellen. Aber wie? Worin besteht dies neue Paradigma? Das ist das uns aufgegebene Thema.

Es gilt, ein anderes, neues Paradigma des Miteinander aufzustellen.

Fassen wir zusammen, um dies Thema klar in den Blick zu bekommen.

Es geht dabei um das »*solus Christus*«.

Das »*solus Christus*« nicht als Machtanspruch, sondern als Glaubensangebot und als Gebot des Glaubens.

Das »*solus Christus*« als Weg zwischen der Perversion des Absolutismus (Macht) einerseits und des Relativismus (religiöse Beliebigkeit) andererseits.

II. Ein Weg der Unterscheidung

Ein Weg. Wir wissen um *den* Weg. Wir erkennen aber den Weg nur im Gehen unseres jeweiligen Weges. Unser jeweiliges Gehen ist ein Tasten, ein Vor-Tasten. Wir haben den Weg nicht, wir sind nicht selber der Weg. Wir glauben an den Weg – wir glauben dem Weg – in unserem jeweiligen Weg. Der Weg trägt unsere Wege, unser Tasten, auch unsere Irrwege. Er holt uns immer neu ein, er führt uns weiter, er erweist sich als Weg in unseren Wegen, indem er uns Wegweisung gibt.

Wegweisung gibt es immer nur im Gespräch mit der Wirklichkeit. Für uns Christen gibt es Wegweisung, wenn wir dies Gespräch mit der Wirklichkeit ins Licht der biblischen Botschaft und damit des »*solus Christus*« stellen. Wir sind darauf vorbereitet: Der »*solus Christus*« ist der »*totus Christus*«, er gehört in das die drei monotheistischen Religionen zusammenhaltende Bekenntnis zum »*solus Deus*«. Es kann dies hier in seiner trinitarischen und somit für die beiden anderen Monotheismen kontroversen Ausformung nicht thematisiert werden.[2] Aber die im Folgenden versuchte Rechenschaft ist offen für diese Ausformung, wenn sie sie auch nicht als Voraussetzung für das zu Sagende ansieht. Der »*solus Christus*« ist der *biblische* Christus; der biblische Christus ist der *solus Christus* als *solus Deus*.

Der Weg der Unterscheidung kann folgendermaßen gekennzeichnet werden.

Ausgangspunkt ist: die Begegnung mit anderen Religionen

Der Tatbestand der multireligiösen Gesellschaft ist zunächst der der Koexistenz. Sie kann sehr auf Distanz gehen, sei es aus Überforderung, aus abwartendem Misstrauen oder aus Indifferenz. Koexistenz ist noch nicht Nachbarschaft (eine im Koran und Islam hoch gepriesene Eigenschaft), diese fördert die Begegnung wie auch umgekehrt.

Es geht hier um die religiöse Begegnung. Sie geschieht zwischen einer Religion und einer anderen oder mehreren anderen Religionen, konkret zwischen Vertretern der betroffenen Religionsgemeinschaften. Aufgrund des hohen Anspruchs, welchen

---

[2] Siehe hierzu in »*Le défi monothéiste*« mehrere Beiträge, vor allem das Kap. VI (La trinité de Dieu).

die interreligiöse Begegnung stellt, wird dieselbe meist bilateral sein: Zwischen den drei abrahamitischen und monotheistischen Religionen aber spricht die Erfahrung auch für eine alle drei umfassende Begegnung.

Die Ebene der religiösen Begegnung ist die religiöse. Religiöse Begegnung ist kein religiöser Komparatismus: Dieser situiert sich auf der Ebene der Lehre und der Praxis – man vergleicht, sieht Unterschiede und Ähnlichkeiten, Überschneidungen und Gegensätzliches. Der Komparatismus, dessen Bedeutung als Weg der intellektuellen Einführung in die andere Religion nicht zu unterschätzen ist, kann aber auch am Kern der anderen – wie der eigenen – Religion vorbeiführen. Denn Religion ist zutiefst *Erfahrung*: Diese haust sozusagen (hat ihr Gehäuse) in der Lehre und der Praxis und zunächst in den jeweiligen heiligen Schriften (oder/und den mündlichen und praktischen Traditionen: Man denke auch an Religionen ohne heilige Schriften). Die Erfahrung, die eine Religion trägt, ist eine geistliche, spirituelle; die Religion ist deren Hüterin, sosehr sie auch immer wieder in der Versuchung steht –, und derselben immer wieder erliegt –, ihre Herrin sein zu wollen (man denke – literarisch – an den »Großinquisitor« bei Dostoievskis »Die Brüder Karamasoff«, aber die Reformationsgeschichte, und auch die Kirchengeschichte seither, bietet da mancherlei Erläuterungsstoff bis auf den heutigen Tag, und zwar nicht nur vor der anderen Tür). In der interreligiösen als religiösen Begegnung geht es um das Aufdecken oder Darlegen der die jeweilige Religion begründenden geistlichen Erfahrung: Sie ist als die »Lebensmitte« der Religion (G. Mensching), der existentielle Quellgrund des Glaubens.

Drei Schritte machen die so verstandene Begegnung aus, drei Fragen und deren Beantwortung (Beantwortung für sich, innerhalb der eigenen Glaubensgemeinschaft, vor Andersgläubigen):

1. Welches ist die geistliche Grunderfahrung? Im Judentum, im Christentum, im Islam, ..., so wie sie sich aus den betreffenden jeweiligen heiligen Schriften ergibt?
2. Welches ist die Aktualität dieser Grunderfahrung, also heute, bei den Gläubigen? Wie erweist sie sich in und an ihnen?
3. Welches ist die Wahrheit dieser Grunderfahrung? Und zwar in zweierlei Hinsicht:
   ad intra: Wie wird diese Wahrheit heute, möglicherweise auch differenzierend und also kritisch, nicht rein repetitiv, sondern verantwortlich, in verantworteter Weise, als geistliche Wahrheit von den betreffenden Gläubigen selber erfahren? Die Frage erinnert an das Wort: »Die Kritik an der Religion ist notwendig für deren Wahrheit.«

In der interreligiösen als religiösen Begegnung geht es um das Aufdecken oder Darlegen der die jeweilige Religion begründenden geistlichen Erfahrung ad extra: Wie sehe ich als Christ – wir als Christen –, ausgehend von unserer christlichen Grunderfahrung, also vom *»solus Christus«*, die geistliche Grunderfahrung einer anderen Religionsgemeinschaft?

Zu beachten ist die Folge der Fragen: Die Wahrheitsfrage kommt an dritter, also letzter Stelle. In der christlichen Dogmatik war sie immer wieder (bis zuletzt bei K. Barth) die erste und dann auch die einzige Frage. So wird die Begegnung verunmöglicht, aufgrund der Absolutsetzung der eigenen Religion und auch der eigenen geistlichen Grunderfahrung. Deshalb: Der Ausgangspunkt des Weges der Unterscheidung ist die interreligiöse als religiöse Begegnung.

Hier stellt sich die kritische Frage: Entspricht dieser Ausgangspunkt der Wahrheit und also der Norm (Kriterium) des *»solus Christus«* oder ist er eine Verleugnung desselben?

Bezugspunkt: die sola als tota scriptura

Joh. 14,6 und die anderen genannten biblischen Belege für das *»solus Christus«* gehören zu den heiligen Schriften des Alten und des Neuen Testaments und wollen von ihnen her gedeutet werden. Das bedeutet aber zweierlei, wie bei Luther erkennbar, der – zu Recht im Prinzip, auch zu Unrecht in diesem oder jenem Einzelfall – sich nicht nur an das (formale) Prinzip hielt (Die Schrift ist ihre eigene Auslegerin, *scriptura sui ipsius interpres*), sondern vor allem das (Wesens-)Prinzip betonte: Es gilt die Schrift auszulegen, sofern sie »Christus treibet«, also von Christus her. Das besagt aber: vom *totus Christus* als dem gesamtbiblischen und in diesem Sinn vom *solus Deus* her. Der gesamtbiblische Christus ist der Christus der *sola* als *tota scriptura*.[3]

Damit ist der christliche Bezugspunkt der interreligiösen Begegnung angegeben. Es geht dabei um die christliche (also von der christlichen Quell-Norm her gesehene) Legitimation der interreligiösen Begegnung als theologische Verantwortung.

Ich begnüge mich mit zwei bis drei Hinweisen.

Der fundamentalste ist christologischer Art: Die neutestamentliche Christologie weitet das Christusverständnis vom zweiten Artikel des Credo (Christus der Heiland) auf den ersten Artikel

---

[3] Siehe hierzu: *Das Schriftprinzip und der Fundamentalismus*. Quatember 2014/1, S. 53–61. *Das Schriftprinzip auf dem Prüfstand unserer Zeit*. Deutsches Pfarrerblatt 2014/2, S. 68–72.

(siehe z. B. den Prolog des Johannesevangeliums: Christus der ewige Schöpfer-Logos von Anfang an) und auf den dritten Artikel (Christus der in seiner Parusie kommende Erlöser) aus. Christus ist nicht reduzierbar auf die Kirche und auf die Christen, so sehr andererseits diese berufen sind, Ihn, den Bestimmten, den Einzigartigen, den »*solus*« in dieser seiner Totalität zu bezeugen: Letztere, also der »*totus*«, steht in Polarität zum »*solus*«, und umgekehrt. Christus lässt sich weder auf einen »*solus*« noch auf einen »*totus*« reduzieren: Er ist beides zugleich und übersteigt also den jeweils einen Pol: Er ist nicht greifbar, verfügbar, habbar. Er ist der Christus des Glaubens.

Der andere Hinweis ist der auf den universalen Schöpfergeist, Gen 1,2: »Der Geist Gottes schwebte über dem Abgrund« (dem Chaos), aus dem heraus durch das Wort (Vers 3: *Gott sprach*) alles erschaffen wurde und kontinuierlich erschaffen wird. Der Pfingstgeist (Apg 2) ist nichts anderes als eine besondere Aktualisierung des *spiritus creator*. Die Kirche hat nicht das Monopol des universalen und also auch »ökumenischen« Schöpfergeistes, wenn sie denselben auch in besonderer Weise erfährt und damit berufen ist zu bezeugen. Sie hat ihn, den Pfingstgeist, zu bezeugen als den Schöpfergeist, und soll und darf ihn als denselben erfahren, nämlich als den Geist, der als der *spiritus creator* ihre und aller – und auch des einzelnen – Christen Kreativität freisetzt und orientiert zum allgemeinen Wohl.

Ein letzter Hinweis ist theo-kosmo-anthropologischer Art: Er ergibt sich aus dem biblischen (und koranischen) Noah. Noah ist der Vater der gesamten Menschheit, also der Ökumene. Abraham ist der Vater der besonderen Heilsgeschichte. Die Kapitel 6 und folgende des Buches Genesis (die Geschichte der Sintflut, Noahs und der Arche) kommen (nicht nur chronologisch, sondern elementarwesentlich, also mit bleibender grundlegender Bedeutung) vor den Kapiteln 12 und folgenden (die Geschichte Abrahams und der mit ihm beginnenden besonderen Heilsgeschichte). Diese Folge erhellt das Wort von Grundtvig: »Erst Mensch – dann Christ«. Wir können die Folge auch umdrehen, hat doch unser Christsein seinen Sinn in unserem Menschwerden, und besteht dies Menschwerden in der Befreiung unseres erschaffenen Menschseins zu sich selbst und in seinem Wachsen hin zu seiner Erfüllung. Vor der Erwählung Abrahams, wie sie nach biblischer Sicht zum Sinaibund führt, der noachidische Bund (Bund mit Noah), vor dem partikularen der universale, d. h. ökumenische Bund! Sie sind aufeinander bezogen und haben beide ihren Sinn nur in diesem gegenseitigen Aufeinanderbezogensein. Das ist die Aussage der Folge dieser Stücke, die aber vielmehr eine wesentliche Gleichzeitigkeit ist und von uns als solche erfahren wird. Man kann von da aus mancherlei Bezüge herstellen zu mancherlei biblischen Befunden, die von da aus in helles Licht gestellt werden, bis hin zu der Aussage des letzten Buches der Bibel : »Die – heidnischen, d. h. noachidischen – Völker werden wandeln in ihrem (der himmlischen Gottesstadt) Licht, und die Könige auf Erden werden ihre Herrlichkeit in sie bringen ... Man wird die Pracht und die Herrlichkeit der Völker in sie bringen« (Apk 21,24–26).

Nun die Frage: Wie können diese biblischen Einsichten effektiv werden in der interreligiösen als religiöser Begegnung?

Treffpunkt: der interreligiöse Dialog

Wir stehen da zunächst vor einer Hürde, also einem zu klärenden Problem: Es geht um das rechte Verständnis des Missionsauftrags nach Mt 28,19f: »Gehet hin und machet zu Jüngern alle Völker ...«

Weder Absolutismus noch Relativismus, sagten wir. Ist Dialog Relativismus ?

Er stellt jedenfalls in Beziehung, in Relation, ermöglicht Begegnung. All das tut der Absolutismus nicht: Er beansprucht allein das Wort, er redet/bezeugt im überlegenen Bewusstsein, dazu berufen zu sein, er ist ein Überreden, er muss das letzte Wort haben. Das ist das Gegenteil vom Dialog. Berufen zum Bezeugen ohne zu hören? Was ist das für ein Bezeugen? Geht es da etwa um Macht? Spricht daraus etwa die Angst vor einer Begegnung, die Unfähigkeit für eine solche? Denn das Bezeugen geschieht ja zu jemandem hin, kann bei ihm/ihr nur ankommen, wenn er/sie als der/die er ist – also als ein/e Andere/r – wahrgenommen wird. Wie war das bei Jesus? Verhielt er sich wie ein Zeuge (einer Sekte), der das Wort führt, oder war er Zeuge zuerst als Hörer, als der, der wahrnahm, der den anderen sah (»respektieren« kommt vom lat. *respicere* und bedeutet »hinsehen«), der Empathie investierte, Menschlichkeit, Liebe, Barmherzigkeit, und der so Vertrauen schuf? Christliche Mission ist legitimerweise (das Verständnis der Mission ist, in Geschichte und Gegenwart, kritisch von hier aus zu bedenken) kein Imperialismus, auch kein Imperialismus der Liebe (Perversion der Liebe!); sie ist in diesem Sinne kein Proselytismus. Jesus hat sich ausdrücklich vom Proselytismus der Pharisäer distanziert.

Mission, christliche Mission, die eine Absage an den Proselytismus beinhaltet, weil dieser das Evangelium mit einem Machtanspruch verbindet, ist ein Bezeugen des Evangeliums, also des Christus, und dies einmal Jesus nach – im Sinne Jesu – und dann als ein Ausdruck der Wirkkraft dieses Christus Jesus in uns. Diese Wirkkraft, sagt Mt 28, hat ökumenisches Ausmaß, betrifft also alles. Es ist damit ihre allumfassende Katholizität (Universalität,

Ökumenizität) besagt. Dies steht im Einklang mit dem *Shema Israel* und der Rekapitulationstheologie, also mit dem biblischen rekapitulativen Monotheismus. Die Katholizität ist kein quantitativer Begriff, wie sie leicht missverstanden wird, sondern ein qualitativer. Die Kirche ist nicht dazu berufen, die Welt zu erobern, sondern in der Welt Zeichen und Werkzeug des kommenden Gottesreiches zu sein. Die Welt ihrerseits ist nicht quantitativ, sondern qualitativ verstanden. Es geht beim Missionsauftrag darum, die Welt in das Licht Gottes, Christi, das Vorletzte in das Licht des Letzten (D. Bonhoeffer) zu stellen. Das erfordert jeweils das wirkliche In-der-Welt-sein der Kirche und der Christen. Nur dann können die von Kirche und Christen »bewohnten«, »inkarnierten«, durchlebten, durchlittenen, durchgestandenen Bereiche des »Vorletzten« von Christus »heimgesucht«, besucht, und also vom »Letzten« erhellt, kritisch-unterscheidend durchsichtet und so geheilt, erneuert, ihrem eigentlichen »Orient« entgegen orientiert werden. Die Glaubwürdigkeit des christlichen Zeugnisses liegt an dieser seiner »Inkarnation«, die einfach die Voraussetzung der menschlichen Kompetenz – in welchem besonderem Bereich oder in welchen besonderen Bereichen auch immer – für die jeweils den Einzelnen übersteigende und doch auch seine begrenzte Reaktivität einschließende Katholizität ist. Der so verstandene – immer wieder neu und glaubwürdig von der Kirche und den Christen aufgenommene – Missionsauftrag ist ebenso gegen jeglichen Kleinmut wie auch gegen jeglichen Großmut gerichtet. Er entspricht dem »Maß« des der Kirche und den Christen in ihrer Quell-Norm Gegebenen.

In der multireligiösen Gesellschaft ist das »Maß« der sich als religiös verstehenden interreligiösen Begegnung das des konkreten interreligiösen Dialogs. Das ist kein Relativismus, das ist Interrelationalität. Der interreligiöse Dialog ist Dialog auf Augenhöhe, in gegenseitiger Verantwortung. Innerhalb der monotheistischen Religionen ist es ein Dialog nicht allein mit noachidischen (»heidnischen«, ohne jegliche Abwertung) Religionen (und Kulturen), sondern mit anders gearteten abrahamitischen, also in aller Andersartigkeit auch wiederum gleichartigen Religionen. Der Dialog erfordert die Anerkenntnis der sich in der Geschichte festgemachten irreduktiblen Unterschiedenheit zwischen ihnen. Was der Apostel Paulus als das nicht überwindbare Geheimnis der Verschiedenheit Israels (Röm 9–11) erkennt, gilt auch betreffs des Islam. Es ist von dieser in der (jedenfalls bisherigen) Geschichte nicht überwindbaren Verschiedenheit – von individuellen Ausnahmen hier wie auch dort abgesehen – auszugehen; nicht nur das Christentum, sondern auch ihrerseits Judentum und Islam erkennen diese Verschiedenheit an.

> *Die Kirche ist nicht dazu berufen, die Welt zu erobern, sondern in der Welt Zeichen und Werkzeug des kommenden Gottesreiches zu sein.*

Dies voraussetzend kann der interreligiöse (im Besonderen der jüdisch-christlich-islamische) Dialog jedenfalls von christlicher Seite her, aber mit dem Anspruch der jeweiligen Gegenseitigkeit, in seiner Anforderung durch folgende These gekennzeichnet werden:

Wir sind uns gegenseitig zu Hütern[4] *gegeben – in gegenseitigem Respekt und gegenseitiger Brüderlichkeit, aber deshalb auch in gegenseitiger verantwortlicher Kritik –, zu Hütern über unser jeweiliges Gottesverständnis: Ist es ein Gottesverständnis, das die Menschheit, und zwar die gesamte Mensch[eit], baut, das sie also nicht zerstört?*

Diese These steht in Beziehung zu der Aussage des Schlusssatzes der *Charta* der *Fraternité d'Abraham*, die seit nunmehr zehn Jahren in einem Vorort von Straßburg ein Ort interreligiöser Begegnung ist. Er drückt den letzten Sinn des interreligiösen Dialogs aus und befreit von jeglicher Anwandlung von Proselytismus:

Beim interreligiösem Dialog geht es um dies: dass dadurch der Friede gebaut werde und alle daran Beteiligten, ein jeder von seiner jeweiligen Glaubenstradition her, sich vor Gott stellen und sich immer mehr von Ihm zu Ihm selbst bekehren lasse, der die Quelle der Wahrheit, der Freiheit, der Liebe und des Mutes ist.

Prof. em. Dr. Gérard Siegwalt (*1932), ist Bruder der Evangelischen Michaelsbruderschaft und lehrt als Professor für Dogmatik an der evang.-theol. Fakultät der Universität Straßburg (Frankreich).

---

[4] Im Sinn von Gen. 4,9 und mit der positiven Beantwortung der dort von Kain gestellten Frage: »Soll ich meines Bruder Hüter sein?«

Erwartung – in den Psalmen der Adventszeit

von Johannes Goldenstein

I.

Die Adventszeit ist diejenige Phase des Kirchenjahres, in der das zyklische Zeitkonzept des Jahreslaufs am stärksten in Konkurrenz tritt zu dem linearen Zeitmodell der (jüdisch-)christlichen Heilsgeschichte.

Im Advent tun wir ja beides: Im festen jährlichen Zyklus bereiten wir uns liturgisch, geistlich und mit allerhand persönlichen und gemeinschaftlichen Ritualen und Bräuchen (Plätzchenbacken und Adventsfeier, lebendiger Adventskalender und Weihnachtsoratorium, Weihnachtsmarkt und Einkaufsmarathon) auf das Fest der Geburt Christi vor, die Feier der Menschwerdung Gottes. Dieses »Alle Jahre wieder«, das nicht nur die Kinderherzen höher schlagen lässt, lebt vielleicht mehr von der Erwartung des Heiligen Abends als des Weihnachtstages und funktioniert gerne nach dem Prinzip: Je höher die Erwartung, desto größer die Chance auf Enttäuschung.

Neben diesem Warten darauf, dass der Stollenteig aufgeht, dass die Schlange an der Kasse kürzer wird, dass der Postbote die letzten Dinge zum Verschenken liefert, dass es still wird, dass die Tochter ja vielleicht doch anruft, und dass sich die Schar der (Wahl-)Verwandten um den Christbaum versammelt, gibt es aber auch noch jenes andere Warten, das jedenfalls die liturgischen Traditionen der Adventszeit bleibend bestimmt: die Erwartung der Wiederkunft Christi. Erst mit ihr wird der *adventus Domini,* die Ankunft des Herrn, einst voll und ganz realisiert sein.

Was zunächst wie eine Konkurrenz von Zeitkonzepten wirkt, ist in Wirklichkeit das Besondere der Adventszeit: dass wir unsere Erwartung der endgültigen Wiederkunft Christi *vor dem Horizont* der Erinnerung an seine Menschwerdung feiern, die wir Jahr für Jahr in unserem Lebenslauf aktualisieren.

Das Besondere der Adventszeit: dass wir unsere Erwartung der endgültigen Wiederkunft Christi vor dem Horizont der Erinnerung an seine Menschwerdung feiern.

Erwartet den Herrn,
steht als Knechte bereit an der Tür.
Schon jauchzt jeder Stern,
seht, er kommt, wir sind hier.
Komm, Herr Jesus, Maranatha.

Entzündet die Lampen, ihr Mägde,
erglühet im Geist
im Kommen des Ewig-Geliebten,
der Kyrios heißt.
Komm, Herr Jesus, Maranatha.

Du wirfst dein Feuer zur Erde
und willst, dass es brennt.
Und wir sind der Mund,
der anbetend dein Kommen bekennt.
Komm, Herr Jesus, Maranatha.

(Silja Walter)

Diese heilsgeschichtliche Erwartung spielt in unserer Gegen-
wartskultur keine nennenswerte Rolle mehr. Auch nicht in den
wenigen Adventsliedern, die man unter den neuen geistlichen
Liedern findet. Das mag Anlass genug sein, einmal zu fragen, wie
es um die Erwartung in den ältesten Liedern steht, die dieser Kir-
chenjahreszeit zugeordnet werden: den Psalmen.

II.

Ich möchte mich der Frage nähern, indem ich mich auf die Wochenpsalmen für die vier Adventssonntage beschränke, wie sie
in der Ordnung des Tagzeitenbuches Verwendung finden. (Auswahl und Abgrenzung dort unterscheiden sich sowohl vom Evangelischen Gottesdienstbuch als auch von der Perikopenordnung.
Würde man die Textbasis um die Tagespsalmen erweitern, kämen
Ps 14; 24; 42,1–6; 72,1.13–19; 74; 79 und 102,2–3.7–19 hinzu.)
Bevor die Frage nach der Erwartung in den Fokus kommen kann,
muss ein breiterer und unmittelbarer Blick in die Texte und ihren
Gesamtduktus stehen.

Erster Advent

Psalm 25 ist die Bitte eines Einzelnen um Rettung, Vergebung
und Wegweisung. Der Text hat einen im Deutschen verborgenen
gestalterischen »roten Faden«: Die einzelnen Verse beginnen
jeweils mit einem Buchstaben des Hebräischen Alphabets; in der
Abgrenzung des Tagzeitenbuchs (Ps 25 A = v. 1–10) sind das sinn-
gemäß die Buchstaben A bis K.

Der Betende erhebt seine Seele (hebr. Urtext statt im Tagzeitenbuch »sein Herz«) zu Gott und bereitet sich vor zum Gottesdienst.
Er bekennt sein Vertrauen auf Jahwe (v. 1) und bittet ihn, er möge
es öffentlich rechtfertigen. Der Triumph der Feinde wäre eine De-

mütigung für den Beter (v. 2). In Form einer Sentenz beschreibt Vers 3 den Gegensatz zwischen denen, die auf Jahwe warten (hoffen) und denen, die seine Ordnungen und seinen Bund missachten. Das Hoffen auf Jahwe ist die Grundhaltung der Armenfrömmigkeit. Wer ihm nicht vertraut, hat keine Hoffnung mehr.

Auf diese Gebetseröffnung folgen vier Bitten. Die ersten beiden (v. 4–5) zielen auf Unterweisung und Führung in den Wegen Jahwes – also in seinen Lebensregeln und Gesetzen. Der Beter muss sie nicht nur kennen, sondern auch wissen, wie man sich ihnen gemäß verhält; er braucht Aufklärung und Kraft. Die beiden anderen Bitten (v. 6–7) zielen auf Jahwes Vergebung. Die Formulierung nimmt zentrale Begriffe aus der Gnadenformel aus Ex 34,6 auf (»Herr, Herr, Gott, barmherzig und gnädig und geduldig und von großer Gnade und Treue«). Gleich dreifach appelliert der Beter an Jahwes Erinnerungsvermögen: Er möge sich an die früheren Erweise seiner Huld erinnern, er möge sich (anders als bei Hiob, Hi 13,26) nicht an die vergangenen Sünden des Beters erinnern, sondern stattdessen an ihn, wie er auf ihn hofft und wartet.

Hier wechselt die Tonlage. Im Stil eines Hymnus wird Gottes Wesen beschrieben: Jahwe ist gut und gerecht, er gibt den Menschen Weisung und Recht, Gebote und die Zusage seines Bundes. Das gilt auch für die Armen und Gebeugten und für die Sünder. Auf eine Formel gebracht, die zu den Kernaussagen der Psalmentheologie gehört: »*Alle* Wege Jahwes sind ›Güte und Treue‹« (v. 10).

Zweiter Advent

Psalm 80 ist ein Volksklagelied aus der Zeit des babylonischen Exils. Die Jerusalemer Tempelpriester fahren schweres hymnisches Vokabular auf, um Jahwe zum Zuhören zu bewegen, Ehrentitel (»Hirte Israels«, »Cherubenthroner«, und immer wieder »Herr der Heerscharen«) und Imperative: höre, erscheine, biete deine Macht auf, komm uns zur Hilfe, richte uns auf, kehr um, schau, sieh, nimm dich an, schütze!

Existentielle Erwartungen. Von den Gründen für Jahwes Zorn und damit auch für die Not des Volkes – die eigenen Sünden oder die Verfehlungen der Gemeinde – ist im Psalm nicht die Rede. Auch die Vätergeneration spielt keine Rolle. Was es braucht, ist Jahwes Aufmerksamkeit, jetzt: hören, erscheinen, helfen.

Anders als in anderen Klageliedern dieser Zeit – »wir werden wie Schlachtvieh geachtet« (Ps 44,23), oder »warum raucht dein Zorn gegen die Schafe deiner Weide« (Ps 74,1) – ist das Bild des Hirten (v. 2) wieder ein Vertrauensbild für das Verhältnis zwischen Jahwe und seinem Volk: Er leitet Josef/Israel. Dieses Vertrauen prägt die Bitten des ersten Teils (v. 2–3). Sie münden in einen Kehrvers (v. 4.8.20), der auf den aaronitischen Priestersegen aus dem Tempelgottesdienst (Num 6,24ff) zurückgreift: Das leuchtende Antlitz Gottes ist der Anfang der Rettung.

Die Klage (v. 5–7) fragt nach der Dauer des göttlichen Zorns und beschreibt die Not: Tränen und noch mehr Tränen, das Volk als Streitobjekt der Nachbarn und Spott seiner Feinde. Nur das leuchtende Antlitz Jahwes kann die Situation beenden und das Leid wenden.

Darum erinnern die Beter Jahwe an das besondere Verhältnis, das er seit dem Exodus zu seinem Volk hat. Es wird allegorisch beschrieben im Bild des Weinstocks, den er in Ägypten ausgegraben und auf gutem Boden wieder eingepflanzt hat (v. 9). In einer Variation des Kehrverses bitten sie Jahwe, umzukehren (statt sonst: »stelle uns wieder her«) und seine Abwendung aufzugeben (»schau ... und sieh«, statt sonst »laß leuchten dein Antlitz«). Dass Jahwe Israel vorzeiten ins gelobte Land eingepflanzt hat, wird zum Bild für die Hoffnung auf neues Heil. (Die Verse 10 bis 14, in denen dieses Bild im Rückblick auf das Wachstum, dann aber auch auf die Zerstörung der Pflanzung ausgeführt wird, fehlen in der Auswahl des Wochenpsalms.)

Eine Bitte um Schutz für den König (der ist mit dem »Menschensohn« in v. 18 gemeint, vgl. Ps 110,1), ein Treue- und Lobpreisgelübde für den Fall der Erneuerung des Lebens und der Kehrvers beschließen das Gebet.

Dritter Advent

Psalm 85 ist ein Volksklagelied aus nachexilischer Zeit: Keine Rede (mehr) vom zerstörten Tempel oder der zerstörten Gottesstadt, vom Verlust des Königtums oder einstiger Blüte – nicht einmal die Feinde kommen vor. Stattdessen geht es um das Verhältnis zwischen Jahwe und seinem Volk (das sich vier Mal auch im Aspekt des Landes spiegelt).

Der Psalm setzt ein mit einem Rückblick (v. 2–4): Jahwe *hat* das Geschick Israels (Jakobs) schon gewendet; er hat die Schuld auf sich genommen, weg von den Menschen, und hat damit einen Neuanfang möglich gemacht.

Eigentlich hat er auch seinen Zorn zurückgenommen, aber noch nicht ganz. Das beeinträchtigt das gegenwärtige Leben (v. 5–8). Die zentrale Bitte des Psalms ist darum, Gott möge seinen Zorn nicht generationenübergreifend walten lassen. Ewig thront er im Himmel (Ps 102,13), ewig erklingt das Lob der Gemeinde (Ps 44,9) – für seinen Zorn ist »ewig« die falsche Perspektive. Gott möge handeln wie in der Vergangenheit, er möge Gnade offenbaren und Heil schenken, *seine* Gnade und *sein* Heil!,

Gott möge handeln wie in der Vergangenheit, er möge Gnade offenbaren und Heil schenken, seine Gnade und sein Heil!

und damit seinem Volk wieder qualifiziertes Leben ermöglichen. Ein Leben vor und für Gott. Gotteslob, nichts anderes ist mit »sich freuen« (v. 7) gemeint.

Bis hierher haben im Psalm alle gesprochen. Ab Vers 9 spricht nur noch einer. Er redet nicht wie ein Priester, sondern wie ein Prophet. Die Audition, von der er berichtet (v. 9–14), ist eine große Verheißung und Segensankündigung. Jahwe verheißt Frieden – nicht allen, sondern den Frommen und denen, die ihn fürchten – und ein Füllhorn des Segens: Frieden, Heil, Gerechtigkeit, Güte, Treue, Gerechtigkeit, Frieden, Treue, Gerechtigkeit, das Gute, gute Erträge des Landes, Gerechtigkeit. Auch die Verben strotzen vor Segen: wohnen, begegnen, küssen, sprießen, schauen, geben ... Jahwes Herrlichkeit wohnt nicht mehr im Tempel, sondern im ganzen Land (v. 10), vom Himmel schaut nicht er (z. B. Ps 80,15), sondern seine Gerechtigkeit (v. 13), wie ein Herold geht sie vor ihm her und bahnt ihm den Weg (v. 14).

Vierter Advent

Psalm 19 ist Hymnus: Lobpreis. Von den beiden völlig verschiedenen Größen, die dieser Hymnus lobt, Jahwes Herrlichkeit in der Natur (v. 1–7) und die Herrlichkeit der Thora (v. 8–15), hat das Tagzeitenbuch der Woche des vierten Advent nur den ersten Teil zugeordnet, den Schöpfungshymnus.

Der Psalm fordert nicht zum Lob auf, er ist Lob.

Der Psalm fordert nicht zum Lob auf, er *ist* Lob. Lob, das nicht von den Menschen dargebracht wird, sondern von Naturphänomenen: von den Himmeln und dem Firmament, von Tag und Nacht. Die ganze Schöpfung redet – ohne Worte. Sie erzählt (v. 1–2) – ohne zu sprechen (v. 3). Was die Geschöpfe einander kundtun, ist völlig unklar. Es hat etwas Mythisches. Und so werden die Eingangsverse heimlich doch wieder eine Aufforderung zum Lob, denn der Sphärengesang bedarf der menschlichen Stimme; für sich wahrgenommen ist er nicht evident. Gott spricht durch die Schönheit der Natur nur zu dem, der sie versteht, und verstehen tut nur, wer schon anderweitig davon gehört hat.

Auf einmal, mitten in Vers 5, kommt die Sonne. Als solle Jahwes Herrlichkeit nun auch für die Augen konkret werden, nachdem die ersten Verse versucht haben, sie hörbar zu machen. Der Sonnengott, wie ihn altorientalische und ägyptische Hymnen besingen, ist hier kein eigener Gott mehr. Jahwe hat ihm ein Zelt gemacht. Wenn die Sonne als Bräutigam, Held oder Richter ihre vorgezeichnete Bahn zieht (v. 6–7), wie es die mesopotamischen Lieder besingen, dann tut sie es hier als Jahwes Geschöpf und lobt auf ihre Weise seine Herrlichkeit.

III.

Welche Erwartung wird in den Wochenpsalmen für die Adventszeit greifbar? Die vielleicht umfangreichste Erwartung scheint mit der Vision in Ps 85 (v. 9–14) verbunden zu sein: eine Verheißung von Frieden und Gerechtigkeit, von Gutem, von fruchtbarer Ernte, von Heil.

Es dürfte nicht von ungefähr sein, dass eben diese Passage die stärksten prophetischen Züge im Kontext der Psalmen trägt. Die großen, grundstürzenden messianischen oder universalistischen Erwartungen, die eschatologische Perspektive eines Tritojesaja (Jes 65f), die (friedens- und sozial-)politischen Konkretionen oder das apokalyptische Programm – all das, was wir aus anderen Texten an Erwartungen für die Adventszeit kennen, fehlt in den vier betrachteten Psalmen fast vollständig. Das mag an der Auswahl der Texte liegen; möglicherweise hat es seine Ursache aber auch in der Gattung.

Die meisten Erwartungen, die in diesen Psalmen zum Ausdruck kommen, mögen vordergründig möglicherweise kleinteiliger sein; existentiell sind sie elementar: dass Gott hört und sieht. Dass er sein Antlitz nicht verbirgt, sondern leuchten lässt. Dass er sich nicht heraushält, sondern seine Macht erweist. Dass er die Menschen aufrichtet. Dass er hilft. Dass er vergibt. Dass er tröstet. Dass er die, die sich an ihn halten, nicht zuschanden werden lässt oder dem Spott preisgibt, sondern ihnen mit mütterlichem Erbarmen begegnet. Dass er neues Leben ermöglicht und Orientierung schenkt. Dass er das Lob seiner Herrlichkeit, das seine Geschöpfe ihm zusprudeln, annimmt.

Spezifisch adventlich klingt das nicht. Aber das wäre auch eine falsche Erwartung an die Texte. Sie sind ja, historisch gesehen, zunächst Glaubenszeugnisse einer älteren, eigenständigen Religion. Ihren adventlichen Horizont gewinnen sie erst im Textraum aller Lesungen und Lieder des jeweiligen Sonntags, am unmittelbarsten durch die ihnen zugeordneten Antiphonen. Sie vertonen die Wochensprüche der vier Adventssonntage. Wenn man auf der Suche nach Spuren sich steigernder Erwartung ist, wird man hier am ehesten fündig: Der Spannungsbogen von »Siehe, dein König kommt zu dir, ein Gerechter und ein Helfer« (Sach 9,9) über »Seht auf und erhebt eure Häupter, weil sich eure Erlösung naht« (Lk 21,28) und »Bereitet dem Herrn den Weg, denn siehe, der Herr kommt gewaltig« (Jes 40,3.10) zu »Freuet euch in dem Herrn allewege, und abermals sage ich: Freuet euch! Der Herr ist nahe!« (Phil 4,4.5b) beschreibt eine Entwicklung, die der zunehmenden Leuchtkraft der Lichter am Adventskranz entspricht. Die Spannung lebt freilich nicht zuletzt von dem Wechsel alttestamentlicher und neutestamentlicher Verheißungen.

Ihren adventlichen Horizont gewinnen sie erst im Textraum aller Lesungen und Lieder des jeweiligen Sonntags, am unmittelbarsten durch die ihnen zugeordneten Antiphonen.

Am stärksten kommt die adventliche Erwartung wohl aber in einem anderen Kontext zum Ausdruck: in den O-Antiphonen zum Magnificat, denen für die Tage des Hohen Advent. Das wird offensichtlich, wenn man einmal den je zweiten Teil aller Antiphonen in direkte Abfolge bringt: »O komm und offenbare uns den Weg der Weisheit und Einsicht« (vgl. Jes 40,14). »O komm und befreie uns mit deinem starken Arm« (vgl. Ps 89,11.14 u.ö.). »O komm und errette uns, erhebe dich, säume nicht länger.« »O komm und öffne den Kerker der Finsternis und die Fessel des Todes« (vgl. Jes 42,7). »O komm und erleuchte, die da sitzen in Finsternis und Schatten des Todes« (vgl. Lk 1,79). »O komm und errette den Menschen, den du aus Erde gebildet« (vgl. Gen 2,7). »O komm, eile und schaffe uns Hilfe, du unser Herr und Gott.« Nachdrücklicher kann man die Erfüllung des baldigen Kommens, das Jesus in Offb 22,20a selbst verheißt, – das Ziel aller Heilsgeschichte – kaum einfordern.

Johannes Goldenstein (1967), Dr. theol., hat im Alten Testament und in der Praktischen Theologie wissenschaftlich gearbeitet und ist seit 2017 theologischer Referent für Liturgie, Gottesdienst und Religiöse Gemeinschaften im Amt der Vereinigten Evangelisch-Lutherischen Kirche Deutschlands.*

Die »Stimmen der Väter« wurden von Michael Grimm ausgewählt.

Christoph Blumhardt

Warten ist eine große Tat, warten dort hinein,
in jene Finsternisse, in den grausigsten Tod,
wo das ärgste und das wüsteste Geschrei ist:
Dort hinein soll der Tag des Menschensohns kommen!
Wirklich wartende Leute, wirklich hoffende Menschen,
wirkliche Christen, die auf den Tag des Menschen warten,
auf Gottes Erbarmen über alle Völker, die dürfen
leise den Faden ziehen und die Völker umschlingen,
damit sie sozusagen angebunden an unsern Glauben
aufbewahrt werden auf den Tag Jesu Christi.
Wenn wir auf den Herrn harren, so warten wir nicht
erst auf den Anfang unserer Erlösung, wir warten auf das Ende.
Wir stehen mitten in Taten Gottes, die auf das Ende zielen.
Die auf den Herrn harren, erleben so viel von einem Eingreifen
des Herrn, dass sie keine Zeit mehr haben, Rechnungen auf
lange Zeit hinaus zu machen, sondern sie stellen sich heute
und morgen bereit, Neues zu erleben, und können jeden Tag
das Allergrößte, ja das Kommen des Herrn selbst erwarten.

Wartende

Gedanken im Advent

von Michael Grimm

»*Worauf / warten wir wirklich / und was / brauchen wir mehr / denn je / und wie / soll da ein Anfang sein / wovon / und wer / hofft überhaupt noch / worauf / und wann bricht er an / dieser Tag des Lichts / und wer / glaubt noch daran?*«

(Carola Moosbach)

1. Worauf warten wir?

Für einen einzigen Film hat die französische Schriftstellerin Francoise Sagan das Drehbuch geschrieben. »*Wieder ein Winter vorüber*«, heißt er. Anders als in ihren Romanen ist der Handlungsverlauf in diesem Film sparsam. Er besteht im Wesentlichen aus dem Gespräch zwischen einer älteren Frau und einem jungen Mann. Die beiden sitzen nebeneinander auf einer Bank in den Jardins du Luxembourg in Paris, und sie warten. Es ist Vorfrühling. Er, rauchend, scheint locker und entspannt. Sie, eine Lilie am schwarzen Hut, sitzt da mit unruhigen Blicken. Er bietet ihr eine Zigarette an, sie lehnt, obschon erfreut, ab: Nein, sie rauche nicht mehr. Sie fragt ihn, wie spät es ist. Und als er Auskunft gibt: »*Sind sie sicher, dass ihre Uhr richtig geht?*« Aber ja, antwortet der junge Mann lachend.

Sie warten. Er wartet auf seine Freundin, wie sich aus dem Gespräch ergibt. Die ältere Dame findet es sonderbar, dass er so wenig ungeduldig ist: »*Sind Sie denn nie jung gewesen?*« fragt sie und erschrickt über diese unsinnig erscheinende Frage. Dann erzählt sie, wen sie erwartet: Einen Mann in ihrem Alter, mit dem sie sich vom Frühjahr bis zum Herbst in diesem Park trifft. Im Winter könne man sich nicht sehen. Heute sei der Tag, für den beide sich verabredet hätten. Und nun wisse sie nichts von ihm, hätte keinerlei Nachricht. Ob er wohl kommen werde ...? »*Und weshalb haben Sie ihm nicht geschrieben?*« Das geht nicht, erwidert sie lächelnd, »*er ist verheiratet*«. »*Ach so*«, sagt der junge Mann. Und die Dame: »*Es ist nicht ganz so, wie sie denken.*« Und dann hält sie wieder Ausschau, ob er kommt.

Eine junge Frau kommt, die Freundin des Mannes. Er geht mir ihr davon. Wer denn die Alte sei, mit der er sich unterhalten habe, will sie wissen, nachdem sie ihn flüchtig geküsst hat. »*Ach, eine Verrückte*«, sagt er. Und dann – die Kamera ist ganz auf die Wartende mit der Lilie am Hut gerichtet –, dann setzt Musik ein: fern, fein und flirrend, aus La Traviata von Guiseppe Verdi. Die Gestalt der wartenden Frau strafft sich, ihr Blick irrt nicht mehr umher. Am anderen Ende einer sehr langen, noch kahlen Allee erscheint ein Mensch, der im Näherkommen langsam erkennbar wird. Sie steht auf, beide gehen aufeinander zu. »*Wieder ein Winter vorüber.*« Als die beiden einander so nah sind, dass sie sich berühren könnten, stürmt die Musik wie in einem Rausch davon. Die Kamera erhebt sich, fliegt über die Kronen der Bäume, wo die Vögel schon probesitzen, hin zu einem altmodischen Karussell mit Pferden, dass sich bald zu drehen beginnen wird. Man sieht es schon.

Wie verschieden man warten kann. Der junge Mann sagt unbekümmert: »*Wenn sie nicht kommt, dann kommt eine andere. Ja, so ist das eben.*« Für die alte Dame hängt alles davon ab, ob *er* kommt: dieser *eine*, von dem wir nichts wissen, als dass er erwartet wird, herbeigesehnt ... Wer ist hier jung, wer ist alt? Ich glaube: Dieses hingebungsvolle Warten, diese brennende Erwartung hört nicht auf, solange wir lebendig sind. Manchmal wird unser Warten mit den Jahren sogar bestimmter, leidenschaftlicher, inniger. Wir geben uns nicht mehr mit »irgendeiner« Erfüllung zufrieden, nehmen keine Ersatzbefriedigung mehr an. Unsere Wünsche werden genauer, wir sind nicht mehr abzulenken mit einem billigen Vergnügen. Wir rebellieren gegen das, was uns nicht mehr gemäß ist. Doch es bleibt ungewiss, ob jemand, ob etwas erscheint am Ende der Allee und auf uns zukommt.

Worauf warten wir ...? Dass Weihnachten wird und der nächste Sommer kommt, also die Wiederkehr des immer Gleichen. Vielleicht warten wir auf eine neue Aufgabe oder auf das erlösende Wort, den befreienden Ruf, eine Art Offenbarung, die Klarheit schafft, eine Erlaubnis, die uns gehen macht und wir uns wagen. Vielleicht warten wir auf den Menschen, der uns wachküsst und zu einem neuen Sein befreit. Macht es Sinn, darauf zu hoffen? Lohnt sich das Warten? Oder werden wir enttäuscht? Es gibt ja auch enttäuschte Erwartungen, und das fühlt sich nicht schön an. Darüber kann man bitter werden und verbietet sich dann jede Erwartung. Gibt es Zeichen und Beweise, einen Vorgeschmack auf das Erhoffte, ein Gefühl der Gewissheit? Woraus speist es sich, woran macht sich die Erwartung fest?

> *Dieses hingebungsvolle Warten, diese brennende Erwartung hört nicht auf, solange wir lebendig sind.*

Vielleicht sind Christen besonders geübt im Warten. Man kann die Existenz der Kirche nicht nur als Diakonie und Mission, sondern auch als ein Leben im Wartestand beschreiben. »*Wir warten dein, o Gottes Sohn, und lieben dein Erscheinen ...*« (EG 152,1), heißt es in einem unserer Lieder für das Ende des Kirchenjahres. Wir können es ebenso gut im Advent singen. Der, der von der Christenheit erwartet wird, bleibt gleich: Jesus Christus – gestern, heute und in Ewigkeit! Und so werden die Jünger durch das Evangelium aufgerufen: »*Seid wie Menschen, die auf die Rückkehr ihres Herrn warten, der auf einer Hochzeit ist, und die ihm öffnen, sobald er kommt und anklopft*« (Lk. 12,36).

In ihrem als »*Winterpsalm*« überschriebenen Text beschreibt die Dichterin Silja Walter die Nachtwache des Advent: »*Jemand muss zu Hause sein, Herr, wenn Du kommst. Jemand muss Dich erwarten. Jemand muss nach Dir Ausschau halten, Tag und Nacht. Wer weiß denn, wann du kommst. Jemand muss es glauben. Wir bleiben, weil wir glauben. Zu glauben und zu bleiben sind wir da.*«

Es ist nicht wahr, dass, wenn wir nichts tun können, nichts geschieht. »*Warten ist eine große Tat*« (Christoph Blumhardt). Es ist wie eine Bewährungsprobe. Dabei spüre ich, wie ich mir selbst nicht genug bin. Ich gerate in eine schöpferische Spannung. Ich werde empfänglich, bin aufmerksam und wach. Im Warten strecken wir uns aus nach dem, der unser Herz berührt, der es höherschlagen lässt, der unsere Sehnsucht erfüllt. Und ist es nicht so: Eine Sehnsucht, wenn sie nur groß genug ist, schmeckt bereits nach Erfüllung. – Gibt es Zeichen, eine begründete Hoffnung? Am Ende des Neuen Testaments steht die Zusage: »*Ja, ich komme bald!*« Und die Gemeinde antwortet: »*Amen. Ja, komm, Herr Jesus!*« (Apk. 22,20).

2. Falsche Erwartungen und unerwartete Wendungen

Worauf warten wir? Eigentlich warten wir ja immer auf etwas: Dass der Sommer kommt oder Weihnachten wird, dass es besser wird oder sich etwas klärt, dass die Kinder abends heimkommen oder ich wieder gesund werde. Aber manchmal, da warten wir richtig heftig. Wir warten mit seligem Verlangen, wie die Kinder auf das Weihnachtsfest, oder mit bangen Erwartungen wie ein Kranker auf die Diagnose des Arztes, oder mit klopfendem Herzen wie vor der Begegnung mit einem geliebten Menschen.

Aber erstens kommt es anders, und zweitens als man denkt, sagt die Erfahrung. Das heißt, es gibt falsche Erwartungen und unerwartete Wendungen. Und wenn wir es bedenken: Selten ist es so, dass eine Erwartung geradewegs in Erfüllung geht, dass aus dem Wunsch – eins zu eins – Wirklichkeit wird. Der neue Arbeitsplatz hat auch seine Ecken und Kanten, der Traummann oder die Traumfrau hat auch weniger schöne Seiten, die Urlaubsreise gestaltet sich anders als geplant.

Wie reagiere ich darauf? Bin ich verärgert und enttäuscht? Oder werde ich jetzt erst recht neugierig? Verweigere ich mich oder lasse ich mich auf das Unerwartete ein? Das hängt auch davon ab, wie festgelegt ich auf meine Vorstellungen und Erwartungen bin. Wir haben Bilder und Phantasien von dem, was kommen soll – und wenn etwas davon wahr wird, ist es selten größer als das Erhoffte, eher kleiner. Oder nur – anders? So anders, dass ich denke: Nein, das kann es doch nicht sein?

Vielleicht bin ich dann verunsichert oder so enttäuscht, dass ich mich abwende, ja, dass ich mich irgendwie betrogen fühle und mir vornehme, für die Zukunft nichts mehr zu erwarten, weil – dann kann ich ja nicht mehr enttäuscht werden. Vergebliche Hoffnungen, enttäuschte Erwartungen: Da haben wir dann unnötig viel Energie darauf verwandt. Gilt es nicht, sich davor zu schützen? Sollten wir uns nicht besser vor allzu großen Erwartungen hüten, zumindest rechtzeitig Klarheit schaffen?

»Bist du der, der kommen soll, oder müssen wir auf einen anderen warten?«, lässt Johannes fragen. Er hatte Jesus getauft im Wasser des Jordan. Damals war er sicher: Dieser ist es. Er wird Israel erlösen. Jetzt aber zweifelt Johannes. Er sitzt im Gefängnis, und die Nachrichten, die ihn erreichen, sind widersprüchlich. Ja, er hat Macht, dieser Mann aus Nazareth, aber es ist die Macht der Liebe. Und er versteht es, von Gott zu reden, doch ist es nicht das erwartete Donnerwort, sondern frohe Botschaft, anders als es Johannes erwartet hatte. Also: Wieder vergeblich gehofft, abermals geirrt, das Herz an den Falschen gehängt?

Lange wartete Israel auf den Messias. Große Hoffnungen machten sich an diesem Retter fest. Die Menschen träumten ihn als mächtigen Herrscher, der für Frieden und Gerechtigkeit sorgen und mit Güte und Weisheit regieren würde. Der versprochene Retter lässt auf sich warten. Jahrhunderte später machen sich Magier, sternkundige Männer auf den Weg, um einen neugeborenen Heilsbringer zu suchen. Sie denken an ein Königskind, vermuten es im Palast des Herodes. Gott erfüllt ihre Erwartung nicht. Er kommt in einem Vorort zur Welt. Als Jesus Aufmerksamkeit findet und Anhänger, da beginnt sein Marsch auf Jerusalem nicht mit der Ankündigung: Wir wollen siegen, sondern mit einer unerwarteten Wendung. Jesus spricht von Kreuz und Auferstehung. Wir wissen, wie viele am Ende gedacht und gesagt haben: Du bist nicht der, für den wir dich gehalten haben. Sie beharrten auf ihren Erwartungen und fühlten sich getäuscht.

Johannes will Sicherheit. Er lässt Jesus fragen: »*Bist du der, der kommen soll, oder müssen wir auf einen anderen warten?*« Und die Antwort, die ihn erreicht? Sie besteht aus lauter Anspielungen, Zitate aus dem Alten Testament, Prophetenworte über den Beginn der Heilszeit: »*Blinde sehen, Lahme gehen, Aussätzige werden geheilt, Taube hören, Tote werden auferweckt, und den Armen wird Gottes gute Botschaft verkündet.*« Aber über sich selbst? Was sagt Jesus direkt von sich selber? Wie gibt er sich zweifelsfrei zu erkennen? Er sagt, er sei der Anstößige, und fügt hinzu: »*Wohl dem, der nicht stürzt über mich.*« Mit anderen Worten: Glücklich der, der sich nicht enttäuscht abwendet von mir, weil er anderes erwartet hat. – Zielt dieser Satz auf Johannes? Meint er andere, die daran zweifeln, dass Jesus der Langersehnte sei?

Was sagt Jesus direkt von sich selber? Wie gibt er sich zweifelsfrei zu erkennen?

Wer sich auf die Szene einlässt und nicht gleich weiterliest oder die Bibel zuklappt, beginnt sich zu wundern. Die Frage, die Johannes an Jesus heranträgt, wird nicht beantwortet, jedenfalls nicht direkt, nicht eindeutig. Jesus sagt nur: Schau dich um. Nimm wahr, was geschieht. Und zieh deine eigenen Schlüsse. Wenn du willst, dass ich derjenige bin, der da kommen soll, dann bin ich es. Wenn du es nicht willst, dann bin ich es nicht – richtiger: Dann *kann* ich es nicht für dich sein. Ich werde, der da kommen soll, wenn du dich entschließt, dass ich es bin. Ich »bin« nicht ohne dein Zutun. Ich werde mit dir und durch dich.

Wenn du über mich stürzt, wirst du mich mitreißen, und ich werde nicht sein, der ich sein kann. Lässt du mich aber der Anstößige sein – der Anstoß, der im Weg liegt, aber nicht, damit du dich an ihm stößt und stürzt, sondern damit du deinen Schritt unterbrichst, von deinen fest gefügten Vorstellungen lässt, damit du loslässt und dich einlässt –, dann bin ich für dich der Anstoß zu einem neuen Sein und dann wirst du überall die Lahmen gehen und die Aussätzigen rein werden sehen. Kein Gefängnis wird dich begrenzen. Du wirst auferstehen.

Wie alle, die erst ganz sichergehen wollen, ehe sie sich für oder gegen etwas entscheiden, wird Johannes *keine* eindeutige Antwort und damit *keine* letztgültige Sicherheit erhalten! Die Antwort entsteht in denen, die es wagen, falsche Erwartungen preiszugeben und unerwartete Wendungen zuzulassen, die sich entschließen, die Frage mit ja zu beantworten: *Du* bist es, der da kommen soll. Du *bist* es.

3. Erfüllte Erwartung

»*Herr, nun lässt du deinen Diener in Frieden fahren, wie du gesagt hast.*« Die Szene, in der der Lobgesang des Simeon erklingt, ist für mich die schönste der Weihnachtsgeschichten in der Bibel. Aus ihr spricht so viel dankbare Zufriedenheit. Wir erfahren von dem Glück und der Freude eines Menschen, dessen Warten an ein Ziel gelangt ist, dessen Hoffnung in Erfüllung geht und der darüber Gott lobt: »*Herr, nun lässt du deinen Diener in Frieden fahren, wie du gesagt hast; denn meine Augen haben deinen Heiland gesehen …*«

Simeon, dieser alt gewordene Mensch, steht stellvertretend für die vielen, die vor ihm waren und sich danach sehnten, einen der Tage des Messias zu sehen. Er verkörpert das Warten des alt gewordenen Volkes Israel auf den Messias, den von Gott versprochenen Retter. Gott würde sein Volk aus der Hand seiner Feinde retten und von der Tyrannei des Bösen befreien. Er würde den Frieden bringen, Heil und Segen. Dann würden sie sein wie die Träumenden. Dann würde ihr Mund voll Lachens und ihre Zunge voll Rühmens sein. Dann würde man sagen unter den Heiden: »*Der Herr hat Großes an ihnen getan!*« (Psalm 126)

Simeon »*wartete auf den Trost Israels*«. Wie lange schon? Ein paar Tage oder Wochen? Seit er alt und grau geworden ist und nichts Besseres mehr zu tun hat? Sein halbes Leben …? Wie lange kann man auf jemanden warten, der sich ziert, der auf sich warten lässt, der um Geduld bittet, bis er sich endlich bereitfindet? Wann es so weit sein wird (oder auch nicht), weiß man nicht; das weiß der, der auf sich warten lässt, vielleicht selber nicht. Wie hält man das aus? Wie lernt einer, geduldig zu warten: Tag für Tag, Jahr um Jahr? Sag, Simeon, wie kann ich es aushalten, wenn ich darauf hoffe, dass Gott mir meinen Herzenswunsch erfüllt? Wie kann ich das durchhalten, ohne darüber verrückt zu werden oder den Glauben zu verlieren?

Wahrscheinlich würde Simeon darauf hinweisen: Merke dir, »*Gott erfüllt nicht all unsere Wünsche, aber all seine Verheißungen*« (Dietrich Bonhoeffer). Vielleicht würde Simeon deshalb sagen: Halte Dich an Gottes Zusagen. Vertraue auf das Wort, das er uns gegeben hat. Erinnere den Herrn an seine Zusage, dass er Gutes für dich bereithält. Er hält gewiss, was er verspricht. Und wenn es lange dauert: Er vergisst Dich nicht. Und auch wenn Du darüber zum Narren wirst, sollst Du sicher sein, dass Gott Gutes für Dich im Sinn hat.

Aber was ist besonders an dem Kind, das Maria und Josef in den Tempel tragen, »*um mit ihm zu tun, wie es Brauch ist nach dem Gesetz*«? Was hat das Jesuskind, was andere Kinder nicht haben? Woran erkennt Simeon das Heil, das Gott mit diesem Neugeborenen in die Welt bringt? Auf den Ikonen und mittelalterlichen Gemälden ist Jesus oft mit einem goldenen Heiligenschein dargestellt. Das ist gut gemeint, aber zu deutlich, zu dick aufgetragen. In Wirklichkeit – oder besser: in der Wirklichkeit dieser

Welt – liegt das Göttliche oft unter der Oberfläche. Es lässt sich nicht durch Show-Effekte darstellen und ist auch nicht schnell konsumierbar.

Ich habe mich das immer wieder gefragt: Woher rührt die Sicherheit des alten Mannes, dass er sagen kann: *Dies* ist der Messias! Woher kommt die Gewissheit: Das Warten hat sich gelohnt. Nun hat sich mein Leben erfüllt. Wir wissen ja, wie Israel bis heute *»auf einen anderen«* (Lukas 7,19) wartet, während die Christen behaupten, dass der, *»der da kommen soll«*, schon gekommen sei. Ich denke, es ist dies: Die Wahrnehmung Gottes setzt voraus, dass man in einen anderen Gang schaltet, eben nicht immer nur weitermacht. Wenn wir aufhören, kann uns der Geist Gottes bewegen. Es ist ein wenig so wie mit dem Sternegucken: Man muss erst einmal darauf warten, bis die Pupillen sich erweitert haben, dann beginnt man Dinge wahrzunehmen, die man vorher nicht sehen konnte.

Wenn wir aufhören, kann uns der Geist Gottes bewegen.

Wenn wir die Szene, wie Lukas sie uns in seinem Evangelium schildert, vor Augen halten, dann bekommen wir den Eindruck, dass dieser Simeon etwas Wunderbares sieht und darüber selig ist. Ihm fehlt nichts mehr. Er ist zufrieden. In Erfüllung geht die Erwartung, und damit auch sein Leben. Ein großer Friede (was etwas anderes ist als vernunftgesteuerter Verzicht) durchdringt den, dem das Leben gegeben hat, was er ersehnte. Und auf der anderen Seite: Groß ist die Unruhe desjenigen, der mit dem Gefühl lebt, dass ihm das Entscheidende fehlt – auch wenn er es nicht genau zu benennen weiß. Dann kann sich eine Traurigkeit, auch Unzufriedenheit breitmachen, die uns leiden macht, die uns nicht mehr zur Ruhe kommen lässt.

Simeon hat sich in seiner Erwartung an Gott festgemacht. So konnte er lange warten auf den schönsten Augenblick seines Lebens, um dann sagen zu können: Nun ist es gut. Nun bin ich glücklich. *»Nun lässt du deinen Diener in Frieden fahren.«* So stirbt Simeon als ein von Gott Geliebter. *»Nun lässt du deinen Diener in Frieden fahren.«* Dazu hat Martin Luther an den Rand seiner Bibelübersetzung geschrieben: *»Das ist: Nu will ich fröhlich sterben.«* Gemeint ist dies aber nicht als eine Verführung zum Tode (wenn es am schönsten ist, möchte ich sterben), sondern als eine Verführung zum ewigen Leben.

Simeon darf schauen, was er geglaubt hat. Er darf auf seinen Händen tragen und liebhaben, wie Gott sich dieser Welt zuwendet – in einem Neugeborenen, Zeichen und Versprechen eines neuen Anfangs mit seinen Menschen, das Morgenrot des Heils – und endlich vorbei ist die verzweifelte Unanschaulichkeit des Glaubens. Glaube meint im Grunde diese Sehnsucht: *Ihn* zu sehen.

Wir wollen *Ihn* schauen! Etwas von seiner Herrlichkeit erkennen. Bilder, Predigt und Musik – es sind alles nur Hilfsmittel, zu wecken die Sehnsucht: nach *Ihm*. Bewahren und bewähren wir diese Sehnsucht im Advent, der Zeit des Wartens.

Herr, mein Gott, meine einzige Hoffnung,
erhöre mich, dass ich nicht, ermüdet, dich nicht mehr suchen will,
sondern allezeit mit Sehnsucht dein Antlitz suche.
Gib du die Kraft zu suchen, der du dich finden ließest,
und die Hoffnung gabst, dich mehr und mehr zu finden.
Vor dir steht meine Stärke und meine Schwäche:
Wahre die eine und heile die andere.
Vor dir steht mein Wissen und Unwissen:
Wo du mir geöffnet hast, nimm mich auf, wo ich eintrete;
wo du mir den Eingang verschlossen hast, öffne, wenn ich klopfe!
Möge ich mich deiner erinnern, dich verstehen, dich lieben.
Lass dies in mir wachsen, bis du mich ganz umgestaltest.

Augustinus (354–430)

Michael Grimm (*1961) war Projektmitarbeiter im Kirchenamt der EKD für den Reformprozess »Kirche im Aufbruch«, er lebt und arbeitet als Pastor in Elsdorf, zwischen Bremen und Hamburg.

Der evangelische Christbaum

von Hans Mayr

Es gab eine Ideologie, welche sich bemühte, alle christlichen Bräuche auf irgendwelche »heidnischen Wurzeln« zurückzuführen. Sie ist heute im Abklingen, weil sie historisch unhaltbar ist und moderne Zeitgenossen nicht interessiert. Der Christbaum, oder Weihnachtsbaum genannt, war und ist von solchen Deutungsversuchen nicht maßgeblich berührt.

Wenn in Kluges *Etymologischem Wörterbuch*, erste Auflage 1883, noch von einem »Analogiezauber« die Rede war und dieser so erklärt wurde: »Man beschafft sich einen grünen Baum, um ein grünes Jahr zu bekommen«, dann war das eine unnötig überhöhende religiöse Redeweise für ein ur-menschliches Bedürfnis: Man will in kahler Winterszeit die grüne Farbe des Sommers sehen. Der Christbaum wird so besungen: »Du grünst nicht nur zur Sommerszeit / nein auch im Winter, wenn es schneit«. Ein *Barbarazweig*, der – am vierten Dezember geschnitten und in eine Vase gestellt – am Christtag blüht, gehört zu eben derselben Sehnsucht. Dass man ganzjährig frische Blumen kaufen kann, ist eine sehr junge Entwicklung.

Der heutzutage vorherrschende ideologische Wind weht auch beim Weihnachtsbaum, wie allüberall, aus einer anderen Richtung. In einer Konsumgesellschaft muss man – wie die Tageszeitung berichtet – an Weihnachten ein Prachtexemplar von Baum haben, möglichst hoch! Es gibt einen »Christbaumverband« der Forstwirtschaft, der dem Käufer sagt, der Baum müsse von der »höchsten Qualitätsstufe« sein, möglichst exotisch, der »laufende Meter« koste 20 bis 25 Euro, die »Erntesaison« beginnt Mitte November. Angeblich werden in Deutschland pro Jahr 30 Millionen Exemplare verkauft – wie viele nicht gekauft und dann eben geschreddert werden, sagt die Statistik nicht. Da der Konsum zu schwächeln droht, wird verkündet: »Der Trend geht zum Zweitbaum«.

Herkunft und Bedeutung

Angesichts dieser Sachlage mag es sich lohnen, nach dem christlichen Ursprung des Brauchs zu suchen, um dessen tiefen Sinn besser verstehen zu können. Fragt man nach dem Ursprungsort, so wird man unweigerlich im Elsass fündig, dieser alten Kulturlandschaft im Herzen Europas. Dort, zwischen Straßburg und dem Odilienberg, weiß man um die eigene Tradition, man kennt sie gut und besinnt sich – freilich in heutiger Weise – auf ihre Wurzeln.

Die Landschaft, welche von der Tourismuswerbung im Sommer *Sauerkrautland* genannt wird, heißt ab November *le pays du sapin,* das Weihnachtsbaumland. Die Werbeprospekte schwärmen, z. B. der von Obernai = Oberehnheim: Bei uns gibt es den stimmungs- vollen Weihnachtsmarkt, Lebkuchenduft, den schönsten Nadel- baum. Und dem Besucher wird mitgeteilt, der Baum werde 1521 zum ersten Mal in Schlettstatt = Sélestat erwähnt. Vorher sei es ein *Buschen* oder *Majen* aus Tannenzweigen gewesen, den man an der Decke aufhing. Natürlich: Die Stuben waren ja eng, und bis heute macht man es so mit den Mistelzweigen! Seit dem Mittel- alter kenne man die an den Baum gehängten Äpfel. Klar: Die Stube war ja ungeheizt, sodass sie nicht verhutzelten. Und an den Baum gehängt wurden auch »*Oublies*«, übersetzt: Oblaten. Später war es dann allerlei Backwerk, Lebkuchen, Spekulatius. Jedenfalls war es immer etwas, was man nach der Festzeit essen konnte! Ein Apfel im Winter, das war damals für die Kinder etwas Besonderes. Auch Nüsse waren zum Verzehr bestimmt.

»Erst am Ende des 17. Jahrhunderts wurden nach einer Hungers- not die Äpfel durch Kugeln aus geblasenem Glas ersetzt«. So for- muliert der Tourismusprospekt eine verbreitete Legende von ei- ner ausgefallenen Apfelernte, die in ihrer Weise eine historische Veränderung erzählt: Am Baum wird nun »Schmuck« aufgehängt, zur »Zierde«. Das waren anfangs etwa aus Papier geformte Rosen und danach kamen die brennenden Kerzen und die genannten Glaskugeln. Von dem zunehmenden Luxus in der Gesellschaft wird auch der Christbaum beeinflusst.

Äpfel und *Oublies* hatten ursprünglich einen anderen geist- lichen Gehalt. Der Christbaum heißt auch *Baum Christi* in direkter Anlehnung an den Baum der Erkenntnis des Guten und Bösen im Paradies. Dem Weihnachtsspiel, einem Krippen- und Hirtenspiel am 25. Dezember, ging am Vorabend das »Paradiesspiel« voran, in dem die Vertreibung von Adam und Eva aus dem Garten Eden thematisiert wurde. Nach dieser Vorbereitung konnte man dann am Christfest fröhlich singen: »Heut schließt er wieder auf die Tür zum schönen Paradeis« (Nikolaus Hermann 1560).

Spezieller: In lateinischer Sprache war der Apfel = *malus* zum Symbol der Versuchung und des aus ihr folgenden Bösen = *malum* geworden. Daran sollten die Äpfel am Baum warnend erinnern: Fallt nicht in die Sünde Adams und Evas, wenn ihr die Geburt des Erlösers recht feiern wollt. Im Kirchenjahreskalender heißt der

»Heilige Abend« Adam und Eva. Neben dem Sinnbild des Bösen hängen dann am Christbaum die Oblaten = die Hostien als Zeichen des Heils im Heiligen Abendmahl. Der Weihnachtsbaum ist also zugleich Baum des Lebens und Baum der Erlösung. Die genannten Papierrosen waren Erinnerung an den Baum, der aus der Wurzel Jesse hervorwächst. Die *virga jesse* führt hin zur *virgo*, der Jungfrau Maria im Rosenhag. »Mitten im kalten Winter« ist eine Rose entsprungen, aus einer Wurzel zart (EG 30).

Der »Schmuck« des Baumes wird mit der Zeit immer reicher und vielfältiger. Von einem »reichgeschmückten« Baum wird zum ersten Mal aus Straßburg 1605 berichtet. Von dort tritt er seinen Siegeszug an. War er anfangs öffentlich-gemeinschaftlich, z. B. in Zunftstuben, aufgestellt, wandert er in die Privathäuser. Im Salon oder der guten Stube findet er sein Zuhause. Hier kommen die Kerzen zur vollen Entfaltung, hier geben sie der Festlichkeit Glanz, »schöner als bei frohen Tänzen«. Ihr strahlendes Licht ist genuin christliches Symbol: »Das ewig Licht geht da herein / gibt der Welt ein neuen Schein. // Es leucht' wohl mitten in der Nacht / und uns des Lichtes Kinder macht« (Martin Luther 1524).

Ein evangelisches Kulturgut

Die Ausbreitung des Brauches geht von Straßburg aus, einer evangelischen Reichsstadt. In den Memoiren der Baronin von Oberkirch (1785) ist von geschmückten Bäumen in allen Häusern der Stadt die Rede. Dann werden sie in Deutschland populär, zuerst in den protestantisch geprägten Gegenden in Mittel- und Norddeutschland. Bald kommt das lutherische Skandinavien dazu, etwas später die deutsche Schweiz und schließlich das anglikanische England. Wie er in katholischen Ländern Fuß fasst, wird später am Beispiel Österreich gezeigt werden.

Besonders spannend ist die Bewegung im Ursprungsland Elsass. Je nach wechselnder politischer Zugehörigkeit der Region wandert die Sitte einerseits nach Frankreich durch Elsässer, die dorthin auswandern oder vertrieben werden. Im Elsass selbst wiederum erhält die Sitte Auftrieb durch deutsche Beamte, Pfarrer und Lehrer, die nach 1871 dort hinziehen bzw. entsandt werden und durch die deutschsprachige Schule und Kirche das Land prägen. In katholisch geprägten Gegenden, v. a. im Sundgau, wollte man von der protestantischen Unsitte (zu der übrigens auch die Geschenke unter dem Weihnachtsbaum gehörten) nichts wissen.

So wird der Baum zu einer betont evangelischen Form der Weihnachtsfrömmigkeit. Bei Katholiken hatte man ja die reiche Tradition der Weihnachtskrippe und hielt daran fest, man brauchte keine Neuerung. Mehr und mehr und immer deutlicher wird der Christbaum zum evangelischen Konfessionsmerkmal und die Krippe zum katholischen Brauch. Es war das evangelische deutsche Bürgertum, vor allem in der Kaiserzeit, das den Christbaum zum Wahrzeichen des Christfestes machte. Im evangelischen Haus sang man: »Der Christbaum ist der schönste Baum / den wir auf Erden kennen. / Im Hüttchen klein, im engsten Raum / wie lieblich blüht der Wunderbaum / wenn seine Lichter brennen.// Denn sieh, in dieser Wundernacht / ist einst der Herr geboren / der Heiland, der uns selig macht / hätt' er den Himmel nicht gebracht / so wären wir verloren«. Katholische Christen zogen später nach. Und für das heutige säkulare Phänomen, dass der Baum zur »Weihnachtsdekoration« (kurz: Deko) wird, spielt der konfessionelle Hintergrund keine Rolle mehr. Man kennt ihn ja nicht mehr.

Inzwischen gelangte der »Schmuck« des Baumes zu seiner Blüte: Nicht nur Glaskugeln und Lametta, sondern eine Fülle von kunstgewerblichen Erzeugnissen umfasst meine Sammlung von historischen Beispielen aus 100 Jahren, Kunst und Kitsch: Mit Silberfäden umsponnene ovale und konkave Kugeln, prächtige Paradiesvögel, Tannenzapfen und Pilze, Musikinstrumente – alles aus Glas –, vergoldete Nüsse, Engel als Laubsägearbeit, imitierte Eiszapfen, Girlanden ...

Eine echte Neuschöpfung waren die Strohsterne aus der Jugendbewegung, erinnernd an das Stroh der Krippe und Zeichen evangelischer, schöner Schlichtheit. Im gleichen Zug wurde auch die »evangelische Krippe« geschaffen.

Es ist also der heutige Kult recht jungen Datums. Man wird sich nicht täuschen lassen von wohlgemeinten Rückdatierungen. Der Weihnachtsabend auf dem Hohentwiel in Victor von Scheffels *Ekkehard* ist ein Anachronismus. Der historische Roman spielt im zehnten Jahrhundert, geschrieben ist er 1855. So heißt es im zehnten Kapitel: »Der Weihnachtsbaum war gefällt, sie schmückten ihn mit Äpfeln und Lichtlein. ... Der heilige Abend war gekommen. Die gesamten Insassen der Burg versammelten sich in festlichem Gewand, zwischen Herrschaft und Gesind' sollte heute keine Trennung sein. Ekkehard las ihnen das Evangelium von des Heilands Geburt, dann gingen sie paarweise in den großen Saal hinüber, da flammte heller Lichtglanz und festlich leuchtete der dunkle Tannenbaum«. Ebenso ist es mit Martin Luther samt Frau Käthe und den Kindern, Laute spielend unterm Christbaum, in Darstellungen um 1860. Das beweist nicht, dass es im zehnten und im 16. Jahrhundert so war, aber es zeigt, wie lieb man den Brauch im 19. Jahrhundert hatte.

»In der Waldheimat«

Der Entwicklung in Österreich soll noch besondere Aufmerksamkeit gewidmet werden. Sie zeigt beispielhaft, wie ein evangelischer Brauch in einem traditionell katholischen Land Fuß fasste. Vermutlich kam er durch Protestanten am Wiener Hof auf, genannt wird die »reformierte Henriette«. Einen authentischen Einblick in das Geschehen gewährt die Erzählung von Peter Rosegger, »Der erste Christbaum in der Waldheimat«. Der Dichter (1843–1918) ist ein liberaler Katholik, mit Sympathie für die evangelische Diasporakirche. Er hat 1900 durch eine große Spendensammlung den Bau der evangelischen Heilands-Kirche in Mürzzuschlag gefördert. Seine Heimat ist das steirische Mürztal, auf der Landkarte zwischen Wien und Graz zu suchen.

Erzählte Zeit ist um 1860, als Peter Student in Graz war, Erzählzeit ist um 1900: »Öfter als vierzigmal seither hab ich den Christbaum erlebt, mit mächtigem Glanz, mit reichen Gaben und freudigem Jubel«. Rosegger schildert, wie er in den ersten Weihnachtsferien, im strengen Winter, nach Hause kommt. Da will er dem kranken kleinen Brüderchen eine Freude machen. »Ich hatte viel sprechen gehört davon, wie man in den Städten Weihnacht' feiert. Da sollen sie ein Fichtenbäumchen, ein richtiges Bäumchen aus dem Walde, auf den Tisch stellen, an seinen Zweigen Kerzlein befestigen, sie anzünden ... Auch abgebildet hatte ich solche Christbäume schon gesehen«. Er holt also, heimlich, ein Fichtenwipfelchen aus dem Wald, will beim Krämer Äpfel kaufen – sie waren aber in diesem Jahr dort nicht geraten. Nüsse hätte es gegeben, aber nur *taube,* aber das wollte er dem Brüderchen nicht antun: »Eine schöne Schale und kein Kern. Solche Sachen darf man ihm nicht angewöhnen«.

Die Kerzlein schnitt er vom Wachsstock ab und klebte sie an die Zweige, zündete sie unbemerkt an und als die anderen die Stube betreten, stehen sie schweigend und staunen: Was ist denn das? »Da vermutete einer, ein Junge, der aus dem Tale war: Es könnte ein Christbaum sein.« Nachher beim Nachtmahl wurden allerhand Meinungen laut. »Heut tat eigentlich 's Kripperl auf den Tisch gehören, meinte die alte Magd«, aber der Vater verwies darauf, dass dieses im Wandwinkel eh stehe. »'s kommt halt eine neue Mod' auf, wusste der Junge aus dem Tal zu sagen. Der lutherisch' Verwalter in Mitterdorf hat in ganz Mürztal den Christbaum aufgebracht«. Dass unter ihm viele Geschenke liegen sollen, mochte der Vater nicht hören. Als das Bäumlein die Nadeln verlor, »nahm es die Mutter heimlich weg, hackte es klein und legte es fast zärtlich auf das prasselnde Herdfeuer«.

Wenn heute der spätromantische Zauber häuslicher Festgestaltung unter dem Christbaum verblasst, so hat dies vielerlei Gründe: Elektrische Kerzen schaffen keine Stimmung, die BaumInflation in Kaufhäusern und auf Marktplätzen erdrückt das Private, das Austauschen von Geschenken nimmt überhand. Der Christbaum in der Kirche gehört zuverlässig zur Weihnachtszeit, er ist es wert, sorgfältig gepflegt und geschützt zu werden, damit seine Zeichensprache weiterhin verstanden wird. Ein Zeichen heutiger ökumenischer Gesinnung ist das harmonische Miteinander von Lichterbaum und Krippe im evangelischen Gottesdienst: Da ist himmlischer Glanz unseres großen Gottes, der Mensch wird bei Ochs und Esel.

Literatur

- Fred Oberhauser, *Dannenbäum an der Stubendecke. In: Merian, 14. Jahrgang, Heft 5, das Elsass. 1961, S. 80*
- Walter Rominger, *»Heut schließt er wieder auf die Tür zum schönen Paradeis«. In: Deutsches Pfarrerblatt 12 / 2013, S. 701–704*

Dr. theol. Hans Mayr (*1936) war u. a. Gemeindepfarrer, Dozent, ACK-Geschäftsführer und Hausvater des Klosters Kirchberg.
Er ist Bruder der Evangelischen Michaelsbruderschaft und lebt am Rande der Schwäbischen Alb »unter der Achalm«, ein Ruhestandshobby ist die Volkskunde.

Die Nachtwache des Advents

von Peter Brunner

Unsere Adventshoffnung ist eine angefochtene Hoffnung. Die neunzehnhundert Jahre, die zwischen uns und dem Apostel Paulus und seiner Gemeinde Thessalonich liegen, greifen das Herzstück unseres Glaubens an. Über neunzehnhundert Jahre ist der Herr Jesus nicht wiedergekommen; ist er am Ende nicht doch gestorben, wie ich und du sterben werden? Visionen von ihm – so etwas kann es natürlich geben; aber leibhafte Auferstehung von den Toten, Einsetzung dieses Menschen Jesus in die Gewalt und Majestät Gottes – gibt es denn das? Die neunzehnhundertjährige Verzögerung des Jüngsten Tages und die getäuschte Erwartung auf das Kommen des Herrn ist vielleicht die gefährlichste Teufelsmaske der Neuzeit. Denn in dieser Anfechtung steht unser Glaube auf dem Spiel. Entweder ist Jesus der Herr und kommt, oder es läuft alles weiter, unberührt von ihm in ewig kreisendem Umschwung, und dann ist er nicht der Herr, sondern ein Mensch wie wir und damit tot für immer.

Die neunzehnhundert Jahre, die unseren Glauben bis in die Wurzel anfechten wollen, sind von dem Apostel Paulus gleichsam von vornherein aus den Angeln gehoben (1. Thess. 5,1–10). »Zeiten und Stunden? Darüber brauche ich euch nichts zu schreiben; Zeiten und Stunden stehen bei Gott allein.« Nur das eine musste der Apostel der Gemeinde sagen: Wartet in Bereitschaft und Nüchternheit und macht dem Herrn keine Vorschriften, wann er kommen soll.

Klar und einfach ist die Folgerung, die der Apostel zieht. Außerhalb der Gemeinde ist Nacht und Finsternis; in der Gemeinschaft aber steht ihr im Licht. Hinter euch glänzt hell die Krippe, vor euch leuchtet schon der Tag des Herrn; in diesem doppelten Licht lebt ihr. Jetzt seht ihr, dass es nicht um den Leerlauf von Lust und Erwerb, sondern um das Heil geht, das Jesus Christus für euch erworben hat und das sein Tag in Fülle über euch ausgießen wird. Bleibt nur in diesem Licht, und es wird sich an euch erfüllen, wozu ihr berufen seid und Gott euch gesetzt hat: nicht der Zorn, sondern das Heil, nicht die Abscheidung von dem Leben Gottes; sondern die vollendete Lebensgemeinschaft mit ihm. Ihr wisst doch, wo ihr hingehört: zum Tag und nicht zur Nacht, zum Licht, nicht zu der Finsternis. Bleibt wach, bleibt auf eurem

Wachtposten! Ihr steht dort nicht unangefochten; aber ihr habt den Schutzpanzer des Glaubens und der Liebe und ihr habt den Helm des Heils. Mit dieser Rüstung werdet ihr die Nachtwache des Advents durchstehen.

Prof. Dr. Peter Brunner (1900–1981) lehrte Systematische Theologie in Heidelberg.
Der Text wurde von Michael Grimm ausgewählt. Die Quelle ist unbekannt.

»Am Anfang war das Wort – Luther 2017 – 500 Jahre Reformation«

von Frank Lilie

>»Ich finde es sehr befreiend zu wissen, dass wir an unserer Unvollkommenheit nicht zerbrechen müssen, weil Gott uns seine Gnade und Liebe schenkt. Er schenkt uns seine Gnade und Liebe im täglichen und fortwährenden Bemühen um das, was uns zusammenhält und trägt. Rechtsstaatlichkeit, Glaubensfreiheit, Meinungsfreiheit – das sind hohe Güter, die uns tragen. Sie müssen Tag für Tag mit Leben gefüllt werden. Sie können Tag für Tag mit Leben gefüllt werden. Die reformatorische Haltung ermutigt uns dabei: Die Zukunft ist offen – nehmt Eure Verantwortung ernst. Veränderung zum Guten ist möglich.«

Diese Worte stammen nicht aus einer Predigt zum Reformationstag, sondern aus der zentralen Ansprache, die Bundeskanzlerin Merkel beim Festakt am 31. Oktober 2017 in Wittenberg gehalten hat. Dass ausgerechnet von der Kanzlerin die wichtigste Rede bei der Feier von »500 Jahre Reformation« kam, war ein unübersehbares Fanal für die Kirchen und ihre Christen in Deutschland und umgekehrt für ein Deutschland, das sich über seine christlichen Wurzeln zunehmend unsicherer wird. In Luthers »Von der Freiheit eines Christenmenschen« entdeckte die Kanzlerin den Maßstab für ein mündiges Handeln: »Freiheit in Verantwortung lässt uns nicht blindlings darauf vertrauen, dass sich schon andere finden werden, die sich um das Gemeinwohl kümmern. Freiheit in Verantwortung fordert uns heraus, selbst Ideen, Kreativität und Kraft einzubringen. Freiheit in Verantwortung ist Grundlage dafür, dass es in unserer Gesellschaft gerecht zugeht.«

Der Reformationstag in Wittenberg sollte das vorläufige, festliche Ende der offiziellen Feierlichkeiten dieses Gedenkjahres sein, über das schon so viel gesagt worden ist, dass keiner mehr so richtig hinhören mag. Was wird bleiben von Playmobilmännchen, Luthersocken und -bonbons? Ist von all dem auch nur ein Mensch frömmer geworden? Hat es ökumenische Schritte gegeben, die Christen unterschiedlicher Konfessionen einander näherbringen? Ich muss gestehen, dass ich mit sehr gemischten Gefühlen der Einladung nach Wittenberg gefolgt bin. Ein Staatsakt anlässlich einer Trennungsgeschichte, die ja auch eine blutige gewesen ist? Das notorisch schlechte evangelische Gewissen wurde in diesem Jahr noch durch etliche Peinlichkeiten aus den Niederungen der Gemeindearbeit und gequälte Aktualisierungsversuche angereichert (man muss es tief in der Erinnerung vergraben, dass die Reformation auch eine Sing- und Musikbewegung gewesen ist, wenn man die platten Worte und schlichten Fingerschnipsrhythmen des gehypten Luthermusicals anhört – ich gestehe es, dass ich nur Ausschnitte daraus ertragen habe). Gefahren bin ich als Gast der EKD für das Treffen der geistlichen Gemeinschaften (TGG) zusammen mit Sr. Mirjam Zahn (Christusbruderschaft Selbitz), die für die Konferenz evangelischer Kommunitäten (KevK) eingeladen war. Aber, auch das muss ich nun zugeben, meine Skepsis ist gewichen und ich bin nachdenklicher und erfüllter zurückgekehrt, als ich erwartet hatte. Hier sind tatsächlich Samenkörner gelegt worden. Gott gebe es, dass sie keimen.

Schon in Berlin füllte sich der Zug nach Wittenberg mit einem Publikum, das anders gekleidet war als die üblichen Pendler. Und als dann der koptische Bischof Damian zustieg, wurde klar, dass die meisten Mitreisenden dasselbe Ziel hatten. Wir wurden von der Bundespolizei am Bahnhof in Empfang genommen und zur Sicherheitskontrolle vor die Schlosskirche gebracht. Das Städtchen glich nicht der festen Burg des Glaubens, sondern einer Festung der Sorge um die Sicherheit der etlichen hundert Gäste und zahlreichen Besucher, die zusätzlich gekommen waren. Es wäre fast leichter, diejenigen aufzuzählen, die nicht dabei waren, soviel Prominenz aus Kirchen, Verbänden und Politik kam zum Gottesdienst in die Schlosskirche, zum Festakt und danach zum Empfang. Dem Gottesdienst hätte es gutgetan, wenn ein kundiger Liturgiker mitgeplant und mit den Akteuren vorher geübt hätte; überdies herrschten mitunter die Deklamatorik und Patchwork-Einfälle unangenehm über das geistliche Wort. Da das Fernsehen übertrug und aufzeichnete, musste sich alles nach der Uhr richten. Vielleicht hätte sich der Ratsvorsitzende Bischof Heinrich Bedford-Strohm als Prediger dann ruhiger auf die Reformation als Wiederentdeckung der Christusbeziehung des Glaubens einlassen können – so jedenfalls wirkten er und überhaupt der liturgische Ablauf arg gehetzt. Aber vielleicht geht das ja auch nicht anders bei solchen Anlässen?

Berührend die beiden Motettensätze aus Bachs *»Der Geist hilft unserer Schwachheit auf«*, gesungen von den Thomanern auf der Empore – dieser Text und diese Musik lassen manches Spektakel vergessen, weil sie wirkliche Reformations-, ja, Evangeliumsbotschaft sind. Bischof Bedford-Strohm und Kardinal Marx überreichten gemeinsam Bundespräsident Steinmeier das Versöhnungskreuz (gefertigt in der Abtei Meschede) mit dem Versprechen, dass sich Christen auch weiterhin konstruktiv für das Gemeinwohl in Politik und Gesellschaft einsetzen möchten.

Beim Festakt sprachen Ministerpräsident Reiner Haseloff, Kulturstaatsministerin Monika Grütters und, etwas überraschend, Staatspräsident János Áder aus Ungarn als Vertreter eines Landes, das sein Selbstverständnis noch immer sehr stark aus der Reformation herleitet. Die Rede der Kanzlerin ging dann über ein Grußwort weit hinaus. Musik (zwei Sätze aus Mendelssohns Reformationssymphonie, gespielt vom Deutschen Symphonie-Orchester unter Roger Norrington, drei Chorsätze aus der Renaissance) und kurze Filmsequenzen rahmten die Feierstunde, bevor es dann zum Empfang in das Foyer der Stadthalle und ein aufgeschlagenes Zelt ging. Wie schön, Bruder Nico Szameitat zu treffen, der als Reformationsbeauftragter seiner Oldenburgischen Landeskirche eingeladen war. Da der Abend erst spät ausklang, war ich froh, eine Übernachtung in Wittenberg eingeplant zu haben.

Staat und Kirche haben sich diesen Tag viel kosten lassen. Wittenberg und die Lutherstätten sind in einem exquisiten Zustand der Renovierung. Versinken sie 2018 wieder in einen sanften Schlummer und das Kirchenvolk mit ihnen? Oder wirken die geistlichen, theologischen und vor allem ökumenischen Anstöße so nach, dass sie zu Aufbrüchen werden? Wahrscheinlich ist eine Gefahr solcher Gedenkjahre, dass sie mit Erwartungen überfrachtet werden. Der Patristiker Christoph Markschies riet kürzlich zu ein *»wenig heiterer Gelassenheit«* beim Rückblick auf 2017, denn *»getroste, ja heitere Gelassenheit ist eben auch die Haltung, in die das Menschen frei machende Wort Gottes führen will.«* Und das wäre dann tatsächlich eine echte Frucht des Gedenkens.

Frank Lilie

Bücher

Hans Urs von Balthasar, Eschatologie in unserer Zeit. Die letzten Dinge des Menschen und das Christentum, Johannes Verlag, Einsiedeln 2. Auflage 2010, 156 Seiten, 19 Euro. ISBN 978-3894113919

Die Erwartung eines Weiterlebens nach dem Tode regte Denker immer wieder zur Auseinandersetzung mit Endlichkeit, Endgericht und einer jenseitigen Welt nach dem physischen Tod an. Klassisch handelt die christliche Tradition die Frage nach diesen »letzten Dingen« in der Eschatologie ab. Als der katholische Theologe Hans Urs von Balthasar eschatologische Inhalte in sein umfangreiches Werk aufnahm und sie zeitlebens in einer Vielzahl von Schriften verhandelte, war die Fragestellung also nicht neu, innovativ wirken allerdings die Schwerpunktsetzungen in den Antworten. Das Buch ist eine Zusammenstellung zweier bisher unveröffentlichter Vorträge aus seinem Nachlass, die – stilistisch verschieden – Balthasars Ansatz vom Ende des Menschen und der Welt aufzeigen.

Der erste Teil des Buches ist die Abschrift eines posthum vorgefundenen Manuskripts und knüpft an die anthropologische Grunderfahrung an, »dass im Leben überhaupt nichts *erledigt* werden konnte, nichts aufgelebt, zu Ende er-fahren« (12) erscheint. Mag dieser Ansatzpunkt im menschlichen Leben auf den ersten Blick fatalistisch wirken, will Balthasars Analyse nicht in die Resignation treiben, sondern auf die eigentlich selbstverständlich erscheinende Notwendigkeit einer Eschatologie hinweisen. Seit Menschengedenken trieb die Einsicht zu unterschiedlichen Lösungsansätzen. Schrieben noch die archaischen Naturvölker im Totenkult den Verstorbenen ein magisches Weiter-Existieren zu, stellt Platons Gedanke einer ewigen »Seele« einen Dynamikschub in der Ideengeschichte des Abendlandes dar. Danach ist der Tod keine Transformation in eine andere Daseinsform, im Sterben trennt sich lediglich das Vergängliche vom unsterblichen Kern. Bis in das Christentum der Gegenwart hinein sieht Balthasar diese antike Denkform dominieren. Erst die Umbrüche hin zum modernen Weltbild und das Verblassen christlicher Elemente in modernen Welterklärungen lassen Raum für eine neue Sprache und Sinnsuche. Genau hier aber steht der Mensch vor einem beispiellosen Dilemma: »Seitdem Kultur ist, ist der Mensch noch nie so hilfe-los vor der Frage der Letzten Dinge, seiner eigenen letzten Dinge und damit seines letzten und ersten Sinnes gestanden.« (29) Denn jeder noch so wagemutige Deutungsversuch über das

Wesen des Menschen endet unweigerlich beim Menschen, über sich hinaus kann der vernunftbegabte Mensch nicht denken. Der Mensch im Diesseits fällt auf sich selbst zurück, ein modernes Naturbild verstummt vor dem Faktum des Lebensendes.

In die Aporie der modernen Systeme spricht die Offenbarung des Christentums. Aus der christlichen Botschaft erschöpft sich nicht nur das Suchen nach Erkenntnis angesichts der Endlichkeit von Welt und Geschöpf. Im Anfang und Ende des irdischen Lebens löst sich das Geheimnis des menschlichen Ursprungs und Endes, Gott ist das Alpha und Omega. Im Horizont des Auferstehungsglaubens »stirbt der Mensch über alle Natur hinaus in Gott hinein, aus dessen Ewigkeit er hervorgebracht wurde und vor dessen Ewigkeit er zum Gericht seines Wertes und Unwertes treten muss« (36). An diesem Punkt in Balthasars Schrift zeigt sich die Wendung aller eschatologischen Fragen auf eine strenge christologische Zentrierung hin (was bekanntlich wie der gesamte Christozentrismus Balthasars auf die prägende Kraft seines reformierten Gesprächspartners Karl Barth zurückzuführen ist). Aus dieser Prämisse heraus werden alle letzten Dinge neu verortet. An Brisanz gewinnt etwa das alte Dogma der Höllenfahrt Christi für Balthasar, wird doch die Hoffnungslosigkeit der schon Gestorbenen (die er am treffendsten durch die alttestamentliche Vorstellung des »Scheols« beschrieben sieht) durch eine Sehnsucht nach Christi Liebe beendet. Jene christliche Liebe nimmt gleichzeitig uns Lebenden die Furcht vor dem Tod. Denn allein die Liebe Gottes, welche das Kreuz erlitt und starb, »versteht vielleicht am besten dies: dass die Welt sterben muss; sie versteht es am besten an sich selbst« (85).

Das hier herausgegebene Beispiel für den Stil Balthasars mit ihrer absehbaren Zuspitzung auf die Heilstat Christi zeigt von den ersten Denkschritten an die Weitsicht eines über die Jahrhunderte denkenden Gelehrten, der die Kirchenväter ebenso einarbeitet wie die Poetik Claudels, der Hegels Phänomenologie ebenso detailreich in seine Argumente aufnimmt wie die chinesische Kosmologie. Im ganzen ersten Teil werden immer wieder Lehrdebatten von Augustin über die Scholastiker bis zur akademischen Gegenwart angerissen und elegant mit seinen Thesen verwoben. Bei längeren Exkursen mit vor allem scholastischen Streitfragen verliert der erste Teil nicht das eigentliche Ziel, nämlich die Zuspitzung der »Letzten Dinge« im Lichte der biblischen Offenbarung, aus den Augen: »So gesehen, sammeln sich alle Strahlen der eschatologischen Wahrheit in Christus; unser Sterben und Auferstehen, ja unser Gerichtetwerden selbst, unser zur Hölle und zum Himmel Fahren kann nicht aus dem christologischen Feld herausfallen.« (73)

Im zweiten Teil des Bandes findet sich eine Schrift mit dem Titel »Die letzten Dinge des Menschen und das Christentum«. Die Zusammenstellung mit dem ersten Essay erscheint allerdings ein wenig unglücklich: Neben der rhetorischen Schärfe und verblüffenden Fundstücken theologie- und philosophiegeschichtlicher Traditionslinien in der ersten Abhandlung »Eschatologie in unserer Zeit« verblasst die zweite Schrift und fristet im Vergleich als Seitenstück (ungerechtfertigt) ein Schattendasein. Der als Vortrag konzipierte Essay wurde zwar im gleichen Jahr von Balthasar angefertigt, sollte aber einem breiteren Adressatenkreis offenstehen und ist in seiner Kürze wie seiner schnellen Gedankengänge leichter zugänglich. Der Anker der Anfangsüberlegungen ist bei beiden Schriften gleich: Ein konziser Blick in die Geschichte der Menschheit erhellt die Lust nach der Sinnsuche im Anfang und Ende des Daseins. Mehr noch als im ersten Essay betont Balthasar die verquere Lage des modernen Menschen. Denn zum einen ist er »des Fragens selbst müde geworden«, zum anderen reduziert er sich selbst »zu einem, der sich mit dem Ordnen des Diesseits begnügt« (91). Balthasar antwortet auf die Gegenwartsbeschreibung mit Neubestimmungen von Tod, Gericht und Reinigung, mit einer Überwindung: »Wenn wir die letzten Dinge nicht als Orte, Zeiten und abgesonderte jenseitige Zustände ansehen, wie die alte Kosmologie es nahelegte, sondern als die Begegnung mit dem lebendigen Gott« (106), sind sie als Wunderwerke der Freiheit Gottes vollends zu begreifen.

Eine gelungene Nachbetrachtung des Wiener Dogmatikers Jan-Heiner Tück als auch ein kritischer Kommentar runden das Buch zu einer herausfordernden, für den in der Sprachwelt Balthasars beheimateten Leser äußerst lohnenswerten Lektüre ab.

Alexander Proksch

Martin Luther. Die Lieder, hrsg. von Jürgen Heidrich und Johannes Schilling, Philipp Reclam und Carus-Verlag 2017, Stuttgart, Carus 24.127/00, 203 Seiten, 35 Euro. ISBN 978-3-15-011096-6.

Dieses Buch ist kein herkömmliches Liederbuch und auch kein Gesangbuch. Es vereinigt alle geistlichen Lieder (insgesamt 36) und es kann mit einigen Besonderheiten aufwarten. Da ist zunächst seine bibliophile Gestaltung und opulente Ausstattung zu nennen, seine klare, übersichtliche Gliederung, alsdann die Tatsache, dass die Lieder mit den vollständigen, originalgetreu edierten Texten in der jeweils ältesten Fassung samt Original-Melodie in moderner Notation wiedergegeben sind. Jedem Lied ist als Abbildung die jeweils älteste Quelle beigegeben sowie eine ausführliche, gut verständliche Kommentierung.

Beeindruckend ist die Breite und Vielfalt der abgebildeten Quellen. Es handelt sich dabei um Gesangbücher der Reformationszeit, evangelische und katholische, weiter um Manuskripte (Autographe von Luther), Einblattdrucke, Druckschriften, ja Gemälde. Durch die kompakten Informationen wird ein umfassender Einblick in Luthers Liederwerkstatt möglich. Interessant sind auch die Lieder, die nicht in heutigen Gesangbüchern stehen (kunstvoll: Sie ist mir wert, die liebe Magd) oder die dort nicht enthaltenen Strophen. Wer wissenschaftlich weiterarbeiten möchte, findet im Anhang weitere Angaben zu den Quellen, den Melodien oder bibliographische Angaben. Das Nachwort schildert Luthers Liedschaffen chronologisch und stellt es in einen größeren Zusammenhang. Dieses Buch ist ein Kompendium rund um Luthers Lieder, und es dürfte sowohl Neueinsteiger ansprechen als auch diejenigen, die sich damit schon beschäftigt haben.

Martin Frieß

Gerhard Sauter, Schrittfolgen der Hoffnung. Theologie des Kirchenjahres, Gütersloher Verlagshaus 2015, 272 Seiten, 29,99 Euro. ISBN 978-3579081908

Wer je Gerhard Sauter ein wenig begleiten, vor allem aber von ihm lernen durfte, weiß Eines mit Sicherheit: Wenn er uns das Ergebnis seines Nachdenkens vorlegt, dann nie abschließend, sondern gleichsam als Einladung zum Weiterdenken, ja auch Infragestellen, sofern dieses fortlaufende Fragen geprägt ist von der Erkenntnis: Theologische Forschung verlangt »theologische Existenz«. »Sie will jeder Versuchung wehren, das Geheimnis des Herrn zu entschlüsseln, indem sie Gott ›begreifen‹ will: als eine Wesenheit, die sich im Vergleich zu allem erfassen lässt, was wir fassen können, und dann entsprechend begriffen werden könnte.«

Naheliegend legte uns Sauter sein Werk im Advent vor, als Weihnachtsgeschenk sozusagen, zur Nutzanwendung für all jene, die noch bereit sind, im Glauben »wir« zu sagen, denn »im Kirchenjahr wird jegliche Privatisierung des Glaubens in Frage gestellt.«

Advent ist für uns alle immer neu Zeit der Erwartung, verbunden mit der zeitlich-irdisch niemals endenden Bereitschaft, sich aufbrechen zu lassen von der Begegnung mit dem stets kommenden dreieinigen Gott.

Gerhard Sauter hat seinen »Versuch« der Evangelisch-theologischen Fakultät der Karls-Universität Prag gewidmet. Er fügt hinzu: »Prager Kollegen wünschen seit Längerem von mir gleichsam einen Grundriss und einen Aufriss evangelischer Theologie.«

Die »Schrittfolgen der Hoffnung« sind demnach sowohl Ausdruck der Anerkennung für eine langjährige ökumenische Weggemeinschaft, die ihre zeitlichen Wurzeln weit vor der »Wende« hat, als auch freundschaftlich-mahnende Einladung zur steten Wahrnehmung dessen, was Theologie sein sollte: Eben kein Selbstzweck, sondern Hilfestellung für die Gestaltwerdung von Kirche als Ausdruck gelebten Glaubens unter den Bedingungen unserer Welt. Entsprechend theologisch verantwortet »bildet das Kirchenjahr eine Gedächtnisstütze der Kirche und weist den Weg, auf dem wir Jesus Christus als den Kommenden erwarten.«

Die Widmung an die Prager Glaubensgeschwister ist damit auch für uns ein wohl durchdachter Wink, ein Vierteljahrhundert nach der »Wende« die Gefahren mangelnder theologischer Urteilsbildung nicht zu unterschätzen: Auch diesseits des vormals »eisernen Vorhangs« war und ist die Gefahr groß, das kirchliche Leben auf bloße Selbsterbauung zu reduzieren oder sich an den Anspruch der Welt zu verlieren.

Keine leichte Aufgabe also, der sich Gerhard Sauter gewidmet hat, entsprechend auch keine leichte Lektüre, etwa für beschauliche Kaminstunden während und nach »dem Fest«.

Aber eben auch kein bloßes Fachbuch, das der geneigte Christenmensch getrost seinen Profis überlassen könnte, denn »theologische Existenz im Kirchenjahr ist durchaus nicht auf Berufstheologen und -theologinnen beschränkt. Das *Bibellesen im Kirchenjahr* gehört zu den Bewährungsproben einer solchen Existenz. Das Leben mit der Bibel und das Leben im Kirchenjahr befruchten einander.«

Sauter beschreibt daher den Weg durchs Kirchenjahr als eine in sich schlüssige, aber niemals abgeschlossene Schrittfolge durch den »Innenraum der Christusgeschichte«. Der Weg durchs Kirchenjahr ist immer der Weg durchs »Gnadenjahr des Herrn« (Jes 61,2; Lk 4,19).

Diesen Weg kann man entsprechend auch nicht bloß hier und da bloß ein Stückchen weit mitgehen. Auch wenn der gesellschaftliche Alltag andere Zeichen setzt: Kein Fest ist mehr wert als das andere. Sie bedingen einander, weil sie von der »Innen-spannung« des Handelns des dreieinigen Gottes künden.

Von daher kann es nicht verwundern, dass Sauter bei seiner Wanderung durch die Stationen des Kirchenjahres gerade auch dort länger verweilt, wo das kollektive Gedächtnis unserer in die Jahre gekommenen Leitkultur schon deutliche Lücken zei-tigt: Etwa an Christi Himmelfahrt und Pfingsten oder gar an Trinitatis. Sauter wagt dabei konsequent auch kritische Fragen an die political correctness des kirchlichen Sprachgebrauchs unserer Tage: »Dass Jesus unser Bruder sei, wird oft und gern gesagt – dass er unser Herr ist, kommt heutzutage vielen schwe-rer von den Lippen.« Für Sauter steckt dahinter eine letztlich illusorische Sehnsucht nach einer »allseits herrschaftsfreien Lebenswelt«. Demgegenüber hält er ausdrücklich an der Rede von Gottes »Allmacht« fest, denn diese »zeigt sich in der Macht seines Erbarmens.« »Wenn Gott richtet, urteilt er nicht mit ver-schränkten Armen von oben herab. Er steht voller Erbarmen auf. Mit der Macht seines Erbarmens dringt er zu denen in der Tiefe vor.« Diese Wahrnehmung führt letztlich auch zu einem zutiefst seelsorglichen Verständnis gerade der Festtagsgottesdienste. Verantwortlich gestaltet, werden etwa im Volkstrauertagsgottes-dienst »auch Menschen angesprochen oder ihrer wird fürbittend gedacht, denen die Wiedererinnerung alte Wunden aufbrechen lässt und deren Gedächtnis geheilt werden müsste, nicht nur an-gepasst an ein kollektives Gedächtnis, das auswählt, vereinfacht und so sozial gar nicht sein kann, wie es sich ausgibt.« Alles mün-det eben in das Einfürallemal der Vergebung durch Gott: »Wenn Gott aber Schuld vergibt, dann gedenkt er ihrer auch nicht mehr: Sie ist vergeben und vergessen, getilgt und zunichtegemacht«, aber nicht im Sinne eines verdrängenden »Schwamm drüber!«. Gottes »Gedenken gehört zu seinem schöpferischen, neuschaf-fenden Handeln.«

Wer sich im Sinne Sauters durchs Kirchenjahr bewegt, lässt sich gleichsam wie ein Kind bei der Hand nehmen im Vertrauen auf die Zusage von Gottes Treue. Diese »wehrt unserer Angst, vergessen zu werden, die schon viele Jüngere befällt – sie wehrt aber ebenso sehr auch unserem aussichtslosen Verlangen, auszulöschen, was wir lieber ungeschehen machen möchten.«

Axel Mersmann

Adressen

Kantor Martin Frieß, Schmiedwiesenweg 15, D-75387 Neubulach, martin.friess@cw-net.de • OKR Dr. Johannes Goldenstein, Amt der VELKD, Herrenhäuser Str. 12, 30419 Hannover, johannes.goldenstein@web.de • Pastor Michael Grimm, Lange Str. 41, D-27404 Elsdorf, michael.grimm@kkbz.de • Tom Kattwinkel, Auf der Ente 7A, 51645 Gummersbach, tom@kattwinkel.de • Pfarrer Dr. Frank Lilie, Braunsbergstr. 18, D-34131 Kassel, frank.lilie@michaelsbruderschaft.de • Pfarrer i. R. Dr. theol. Hans Mayr, Silcherweg 3, D-72800 Eningen unter Achalm, hanshannemayr@web.de • Pfarrer Axel Mersmann, Eschenstraße 21, D-42855 Remscheid, a.mersmann@johannes-kgm.de • OKR Dr. Roger Mielke M.A., Kunosteinstr. 5, D-56566 Neuwied / Kirchenamt der EKD, Herrenhäuser Str. 12, 30419 Hannover, roger.mielke@ekd.de • Alexander Proksch, Sieglitzhofer Straße 32, D-91054 Erlangen, AlexanderProksch@web.de • Pfarrer i. R. Walter Scheller, Immenhoop 20, D-29320 Hermannsburg, scheller.walter@t-online.de • Prof. em. Dr. Gérard Siegwalt, F-67100 Strasbourg-Neudorf, 25, rue Sainte-Cécile, gerard.siegwalt@orange.fr

Das Thema des nächsten Heftes wird »Maria« sein.

Quatember
Vierteljahreshefte für Erneuerung und Einheit der Kirche
Herausgegeben von
Frank Lilie, Sabine Zorn und Matthias Gössling im Auftrag der
Evangelischen Michaelsbruderschaft, des Berneuchener Dienstes
und der Gemeinschaft St. Michael
Schriftleitung
Roger Mielke in Verbindung mit Sebastian Scharfe
Manuskripte bitte an:
OKR Dr. Roger Mielke · Kunosteinstr. 5 · 56566 Neuwied,
Telefon (01 51) 15 19 81 35, roger.mielke@ekd.de
Edition Stauda
Evangelische Verlagsanstalt GmbH, Leipzig
81. Jahrgang 2017, Heft 4

Bestellungen

Mitglieder der Evangelischen Michaelsbruderschaft, der Gemeinschaft St.
Michael sowie des Berneuchener Dienstes richten ihre Bestellungen ebenso
wie alle Änderungen nur an ihre jeweilige Gemeinschaft.
Nichtmitglieder richten ihre Bestellungen ebenso wie alle Änderungen nur
an den Bestellservice oder an den Buch- und Zeitschriftenhandel. Abos können zum Jahresende mit einer Frist von einem Monat beim Bestellservice
gekündigt werden.

Vertrieb: Evangelische Verlagsanstalt GmbH · Blumenstraße 76 · 04155 Leipzig
Bestellservice: Leipziger Kommissions- und Großbuchhandelsgesellschaft
(LKG) · Frau Nadja Bellstedt · An der Südspitze 1–12 · 04579 Espenhain
Tel. +49 (0)3 42 06–6 52 56 · Fax +49 (0)3 42 06–65 17 71
E-Mail: nadja.bellstedt@lkg-service.de

Preise: Einzelheft: EUR 7,50, *Jahresabonnement:* EUR 28,00 jew. inkl. Versand

Cover: Kai-Michael Gustmann, Leipzig
Satz: stm | media GmbH, Köthen
Druck: druckhaus köthen GmbH & Co. KG, Köthen

ISSN 0341-9494 · ISBN 978-3-374-05284-4

www.eva-leipzig.de

Joachim Köhler
Luther!
Biographie eines Befreiten

408 Seiten | Hardcover | 13 x 21,5 cm
mit Bildteil
ISBN 978-3-374-04420-7
EUR 22,90 [D]

Mit entschiedener Sympathie und beeindruckendem psychologischen Gespür lässt Joachim Köhler, Autor zahlreicher biographischer und kulturgeschichtlicher Werke, den großen Glaubenskämpfer der deutschen Geschichte lebendig werden. »Christsein heißt, von Tag zu Tag mehr hineingerissen werden in Christus.« Dieses leidenschaftliche Bekenntnis des Reformators steht im Mittelpunkt von Köhlers brillanter Biographie, die Luthers dramatische Entwicklung in drei Stadien – Bedrängnis, Befreiung und Bewahrung – darstellt. Sie zeichnet sowohl Luthers existenzielle Glaubenserfahrungen nach als auch die Anfechtungen psychologischer und politischer Art, mit denen er lebenslang zu ringen hatte.

Köhler schreibt uns den großen Luther ins Herz, ohne den manchmal irrenden zu beschönigen. Er lässt symbolträchtige, aber in ihrer Faktizität teils umstrittene Momente wie Turmerlebnis oder Thesenanschlag in ihrer Authentizität einsichtig werden. Vor allem aber zeigt er: Luther ist nicht von gestern.

EVANGELISCHE VERLAGSANSTALT
Leipzig   www.eva-leipzig.de

Tel +49 (0) 341/ 7 11 41 -44   shop@eva-leipzig.de

Ulrich H. J. Körtner
Dogmatik
Lehrwerk Evangelische Theologie (LETh) | 5

736 Seiten | Hardcover | 14 x 21 cm
ISBN 978-3-374-04985-1
EUR 58,00 [D]

Dogmatik als gedankliche Rechenschaft des christlichen Glaubens ist eine soteriologische Interpretation der Wirklichkeit. Sie analysiert ihre Erlösungsbedürftigkeit unter der Voraussetzung der biblisch bezeugten Erlösungswirklichkeit. Das ist der Grundgedanke des renommierten Wiener Systematikers Ulrich H. J. Körtner in seinem umfassenden Lehrbuch, das fünf Hauptteile umfasst.

Anhand der Leitbegriffe Gott, Welt und Mensch bietet es eine kompakte Darstellung aller Hauptthemen christlicher Dogmatik, ihrer problemgeschichtlichen Zusammenhänge und der gegenwärtigen Diskussion. Leitsätze bündeln den Gedankengang. Das dem lutherischen und dem reformierten Erbe reformatorischer Theologie verpflichtete Lehrbuch berücksichtigt in besonderer Weise die Leuenberger Konkordie (1973) und die Lehrgespräche der Gemeinschaft Evangelischer Kirchen in Europa (GEKE).

EVANGELISCHE VERLAGSANSTALT
Leipzig www.eva-leipzig.de

Tel +49 (0) 341/ 7 11 41 -44   shop@eva-leipzig.de